Weihnachten –
ein Fest der Liebe
und des Friedens

Besinnliche und weihnachtliche Gedichte
und Geschichten zur Weihnachtszeit

Von Luis Walter

Handlungen und Geschichten so wie
Namen und Orte sind frei erfunden, etwaige
Ähnlichkeiten mit noch lebenden oder
schon verstorbenen Personen wären rein
zufällig.

AF139323

Herstellung und Verlag:
Books on Demand GmbH, Norderstedt

ISBN: 9783738604481

Bibliografische Information der Deutschen
Bibliothek Die deutsche Bibliothek
verzeichnet diese Publikation in der
Deutschen Nationalbibliografie; detaillierte
bibliografische Daten sind im Internet unter
http://dnd.ddb.de abrufbar.

Inhaltsverzeichnis

Liebe Leserinnen und Leser,

Weihnachten ist ein Stück weit ein Fest des Konsums geworden. Schon fast im Spätsommer sieht man Schokoladennikolaus und Lebkuchen in den Regalen stehen und bis es dann so weit ist, an Heiligabend, kann man all dies süße Zeug schon nicht mehr sehen.

Weihnachten, eigentlich ein Fest der Liebe und des Friedens. Und doch, irgendwo auf der Welt werden genau heute Kriege geführt, in denen Menschen ihr Leben lassen müssen. Regierungen fordern den Frieden und gleichzeitig machen sie mit Waffenlieferungen gute Geschäfte.

Weihnachten bedeutet, sich an Kleinigkeiten zu erfreuen, anderen Menschen Gutes zu tun, ja und manchmal einfach ein Engel zu sein. Zwei hoffnungsvolle, vielleicht auch mutmachende Geschichten stelle ich hier vor, frei erfunden, wie auch alle Namen, und doch können sie in unserer egoistischen Zeit Realität sein, jede für sich. Garniert mit einigen Gedichten, soll Ihnen dieses Buch Weihnachten wieder bewusster machen.

Viel Freude damit wünscht Ihnen
Ihr Luis Walter

Tim erlebt Weihnachten

Irgendwo an einem Parkplatz weit weg von der Straße, in einem Wald, wacht der kleine Tim auf einer Bank auf. Die Sonnenstrahlen glänzen durch die Tannengipfel und ein Strahl hat ihn wohl mitten ins Gesicht getroffen und ihn dadurch aus einem tiefen Schlaf erweckt. Rings um ihn herum herrscht eine einsame Stille, nur das Rascheln von Blättern durch einen leichten Wind kann er hören. Wohin er seinen Kopf auch dreht, wohin seine Augen auch sehen, keine Menschenseele, nicht ein Auto, nicht ein Haus. Er weiß nicht mehr, wie er hierhergekommen ist und er weiß nicht, wo er ist. Das Einzige, woran er sich erinnern kann, ist, dass er eigentlich mit seinen Eltern über ein langes Wochenende in den Urlaub fahren wollte. Silvester wollten sie alle zusammen irgendwo verbringen. Schön sollte es werden, hatte ihm seine Mutter versprochen. Und er weiß auch noch, er saß alleine hinten im Kindersitz des großen Vans, als sich seine Eltern wieder einmal furchtbar stritten. Da er dies nicht mehr hören konnte, machte er die Augen zu und verstopfte sich mit seinen kleinen Fingern die Ohren. Irgendwie musste er wohl dabei eingeschlafen sein.

Und nun sitzt er da, mitten in einer von Sonnenstrahlen durchdrungenen Waldlichtung, ganz alleine. Er sieht keine große Straße, nur einen kleinen Waldweg, der sich irgendwie auch noch teilt. Im ersten Moment verspürt er richtige Angst in sich. Zwar war er schon oft in seinem Zimmer eingeschlossen, über Tage hinweg, doch diese Umgebung kannte er ja. Aber hier, er weiß nicht, wo er ist und kennt sich nicht aus. Auch wenn sich seine Eltern immer wieder um ihn wegen Kleinigkeiten stritten, ihn in den Keller oder sein Zimmer gesperrt hatten, trotzdem hatte er sie doch lieb. Wenn sie ihn auch immer wieder alleine ließen, ihm gerade mal etwas zum Essen und Trinken gaben, war er die meiste Zeit mit sich alleine und immerhin zu Hause. Hier jedoch fühlt er sich wirklich einsam, hier bekommt er Angst und fängt an zu zittern.

Es ist kalt, überall liegt Schnee. Nur nicht auf der Bank, auf der Tim sitzt, und er selbst ist selbst nicht weiß. Im Schnee sieht er Spuren. Vielleicht von wilden Tieren? Aber er sieht keine wilden Tiere. Er malt sich irgendwelche Gedanken aus, von Wölfen und Bären, die ihn auffressen könnten. Das hatte ihm sein Papa immer wieder gesagt, wenn er nicht brav war. Er würde ihn dann in den Wald bringen und dort würden Bären und Wölfe nur darauf warten, ihn zu fressen. Nichts würde von ihm übrig bleiben. Aber er tat es dann doch nicht, sperrte ihn lieber in den Keller, und anstatt dass die Mäuse ihn auffraßen, spielte er mit ihnen. Aber wenn Papa jetzt ernst gemacht hat, kommt ihm der Gedanke. Dabei hatte er doch gar nichts angestellt, war doch brav gewesen, hatte Augen und Ohren zugemacht und sogar geschlafen. Da rollen dem kleinen Tim ein paar Tränen über seine Wangen. Auch wenn starke Männer nicht weinen, wie Papa sagt, er kann sie nicht mehr aufhalten. Seine Tränen fallen auf einen kleinen Stein am Waldboden, der genau vor seinen Füßen liegt und ebenfalls nicht von Schnee bedeckt ist. In diesem Moment trifft ein kräftiger Sonnenstrahl den Stein in der Mitte. So wie die Tränen des kleinen Tim immer mehr werden, die den kleinen Stein treffen, umso größer wird der Stein von Tränenpaar zu Tränenpaar.

Langsam verändert er sich immer mehr und mehr und nimmt die Form eines Herzens an. Dieses wird immer größer und größer mit jedem Tränenpaar, das aus Tims Augen fließt. Dem kleinen Tim entgeht das völlig, denn seine Augen sind geschlossen. Seine Angst, sein Kummer ist riesig groß. Er will einfach nichts sehen. Er denkt sich, dass er dort auf der Bank wohl erfrieren müsse, weil ihn hier keiner finden und er vor Kälte erstarrt zu einem Eisklotz würde. Er glaubt nicht daran, dass ihn seine Eltern hier jemals finden könnten. Dann wandeln sich seine Gedanken von einem Moment zum anderen; er schöpft wieder Hoffnung. Sie würden ja wirklich nicht ohne ihn fahren, sondern sicherlich bemerken, dass er nicht hinten drin sitzt. Und der Papa kennt sich doch aus, sicherlich findet er den Weg zurück, um ihn dann zu holen. Er muss wie immer, wenn er im Keller eingesperrt war, einfach nur Geduld haben. In seinen Gedanken versunken, denkt er wieder an die Wölfe und Bären und was mit ihm alles geschehen könnte. Da vernimmt er plötzlich eine Stimme und hört seinen Namen rufen:

„Tim, wo bist du, warum bist du nicht da?"

Aber im nächsten Moment ist schon wieder eine leere Stille.

Es ist, als hätte er die Stimme seiner Mutter gehört. Die Sonnenstrahlen lassen den Stein, der sich zu einem Herzen formte, richtig glänzen. Dann, ganz langsam, nimmt dieser zu einem Herzen geformte Stein die Gestalt eines Wesens an. Um dieses herum scheint ein helles Licht, das dessen weißes Kleid, dessen goldenes Haar nur noch glänzen lässt und die geschlossenen Augen des kleinen Tim richtig blenden. Als er durch diesen hellen Schein seine verweinten Augen öffnet, da glaubt er zu träumen. So eine Gestalt hat er vorher noch nie gesehen. Dieses Wesen strahlt und lächelt den kleinen Mann an.

„Hallo, Tim, weine nicht, ich bin ja bei dir, alles wird wieder gut, glaube mir!"

„Wer bist du, wo bin ich, was machst du hier?", fragt Tim dieses in Weiß gekleidete Wesen.

„Ich bin dein Schutzengel und glaube mir, alles wird wieder gut und alle deine Wünsche werden sich erfüllen", antwortet dieser ihm.

Tim ist ganz erleichtert, wenn er auch nicht weiß, ob er träumt oder wacht, aber er fühlt sich nicht mehr alleine und hat auch keine Angst mehr. Es ist Tim so, als müsse er alles loswerden, und so erzählt er dem Engel, seinem Schutzengel, alles, was er in seinem kurzen Leben von fünf Jahren hat bisher erleben müssen. Ganz traurig berichtet er, dass er seinem Vater nie etwas hat rechtmachen können. Über seine Mutter erzählt er, wie sie ihm immer wieder geholfen hat. Aber sein Vater hat ihn trotzdem wegen jeder Kleinigkeit in den Keller oder im Schuppen eingesperrt, manchmal für ganze Tage.

„Sag mal, mein Schutzengel, warum hast du mir da nie geholfen und hast dagegen etwas unternommen, damit ich ganz normale Eltern habe, die mich beide so lieb haben wie ich sie?"

fragt er dann seinen Schutzengel mit etwas getrübtem Blick.

Der Schutzengel nimmt den kleinen Tim auf seinen Schoß und in seine Arme.

„Weißt du, lieber Tim, dein Vater hat dich genauso lieb wie deine Mutter dich lieb hat, er weiß es nur nicht. Ich war immer bei dir, auch als du im Keller und im Schuppen warst. Es ist dir dabei nie etwas passiert, nur dass du an der Liebe deiner Eltern gezweifelt hast",

gibt ihm der Engel zur Antwort und erklärt ihm weiter:

„Du darfst deinem Vater keinen Vorwurf machen. Er hat es einfach nicht gelernt, seine Liebe zu zeigen. Was auch immer mit seinen Eltern und ihm passiert ist, das hat ihn so geprägt und so werden lassen. Vielleicht ist es ihm ja genauso ergangen, vielleicht hat er ja auch die gleiche Erziehung genossen, so wie er sie an dich weitergegeben hat? Weißt du, Tim, er muss einfach noch lernen, so wie seine Eltern, deine Großeltern noch lernen müssen."

Tim stutzt.

„Großeltern?", fragt er.

„Ich habe doch keine Großeltern, habe sie noch nie gesehen, noch nie von ihnen gehört. Mama und Papa haben nie davon geredet und erzählt", wundert er sich weiter.

„Ja, vielleicht auch gerade deswegen, weil sie nie darüber geredet haben. Sie haben wohl zueinander kein so gutes Verhältnis, wollen nicht darüber sprechen, verstehst du, Tim?"

Der kleine Tim versteht zwar nur die Hälfte davon, aber er glaubt, dass es schon einfach so sein wird. Und trotzdem versteht er nicht, warum er jetzt hier sitzt und nicht auf dem Hintersitz des Vans seiner Eltern, um mit ihnen in Urlaub zu fahren. Irgendwie versteht er es auch nicht, warum er einen Schutzengel haben soll und dann doch hier mit ihm alleine und verlassen herumsitzen muss. Warum bringt er ihn nicht zu seinen Eltern? Was ist das denn für ein Schutzengel!

Während der kleine Tim über dies und das nachdenkt, was ihm der sogenannte Engel nicht alles erzählt hat, geht er an der Hand mit ihm durch die weiß verschneite Landschaft des Waldes. Er lernt die Natur kennen, da er doch noch nie im Wald gewesen ist. Sein Vater hatte ihm nur Angst vor dem Wald gemacht. Tims Augen und Ohren sind ganz weit geöffnet, er nimmt alles hier auf und lernt es schätzen und lieben.

Es ist ein leichtes Klingeln zu hören, welches plötzlich in diese Stille bricht. Es hört sich an wie weit entfernte Glocken und Getrampel, als wenn eine ganze Herde Tiere durch den Wald hetzen würde. Noch klingt es, als wenn es weit weg wäre, aber es wird lauter und scheint näher zu kommen. Tim kennt nur das Großstadtleben und den Balkon des Hauses, in dem er mit seinen Eltern lebt. Er bekommt richtig Angst, zittert wieder am ganzen Körper und schlüpft deswegen ganz dicht an den Engel heran, der ihn jedoch beruhigen kann:

„Keine Angst, kleiner Tim, uns passiert nichts, da kommt nur ein lieber himmlischer Gefährte von mir mit seinem Schlitten, es ist der heilige Nikolaus."

Etwas verwundert schaut Tim den Engel an:

„Kenne ich nicht, was macht der?"

Noch bevor der Engel antworten kann, sieht er auch schon große Tiere mit Hörnern, die einen großen Schlitten ziehen, umgeben von lauter fliegenden Wesen, wohl auch alles Engel.

Und schon ist der Schlitten mit den Tieren, die Hörner auf dem Kopf tragen, hier. Der Nikolaus mit seinem roten Gewand hält die Zügel seiner 14 Rentiere ganz fest und schreit

„Ho, ho!"

und bringt so den Schlitten zum Stehen. Ganz schüchtern geht Tim an den Tieren vorbei, zum Schlitten hin. Sieben Engel stehen um den Schlitten und den Nikolaus herum. Dieser steigt von seinem Schlitten ab und geht auf Tim zu.

„Bist du der Nikolaus?", fragt Tim.

„Und wo kommst du her, was machst du, bist du ein Außerirdischer?", will Tim auch noch wissen.

So etwas wurde der Nikolaus zwar noch nie gefragt, aber er kennt das Denken der

Kinder von heute inzwischen schon ganz gut.

„Nein, ich bin kein Außerirdischer, ich bin ein Gesandter des Christkindes, dessen Geburtstag wir in Kürze feiern. Und jedes Jahr zur selben Zeit bringe ich Kindern ein kleines Geschenk, auch dir."

Tim denkt nach:

„Aber warum warst du dann noch nie bei mir?"

Der Nikolaus lächelt.

„Weil mich deine Eltern noch nie zu dir gelassen haben, aber jetzt ist der Zeitpunkt, wo du mich kennenlernen musst."

Tim versteht zwar nicht, aber er fragt ihn:

„Darf ich mir von dir alles wünschen?"

Der Nikolaus streicht ihm mit seinen weißen Handschuhen über die Wangen und sagt lächelnd:

„Du darfst dir alles wünschen, und was ich heute nicht dabei habe, das bekommst du vom Christkind am 24. Dezember dann persönlich. Bitte darum, glaube daran, und du wirst es bekommen."

Selbstverständlich will Tim keine Süßigkeiten, Nüsse, Mandeln, denn all das kennt er sowieso nicht. Aber als der Gesandte des Christkindes weiß der Nikolaus genau, was Tim sich wünscht. Dann steigt er wieder auf seinen Schlitten und nimmt die Zügel seiner Rentiere in die Hand.

„Wünsche es dir, bete und bitte darum und alles wird gut",

ruft er Tim zu, zieht kräftig an den Zügeln und fährt mit seinem Schlitten weiter und verschwindet, wie er gekommen war, in dem dunklen Wald, gefolgt von seinen sieben Engeln.

Tim schaut ihm mit einer etwas traurigen Mine hinterher und fragt seinen Engel:

„Hilfst du mir dabei?"

Der Engel nimmt Tim in den Arm und drückt ihn:

„Klar doch, ich helfe dir, dazu bin ich doch
da und glaube mir, alles wird gut!"

Während Tim nun ganz eng an der Seite
seines Engels durch den mit Schnee weiß
bedeckten weihnachtlichen Winterwald
geht, wo sie nur die Sterne am Himmel
begleiten, sind seine Eltern mit dem Auto
immer noch unterwegs. Sie streiten sich
immer noch und bemerken erst jetzt, dass
ihr Sohn gar nicht mehr auf dem Rücksitz
ist. Ihre Aggression steigert sich noch. Je-
der schiebt dem anderen die Schuld zu,
nicht aufgepasst zu haben. Es wird mit
Händen   gefuchtelt   und
ineinandergeschlagen.
Jede Konzentration auf den Verkehr bleibt
aus, nur noch der Ärger um den verlorenen
kleinen Sohn beherrscht die Fahrt. In einem
kurzen Augenblick bemerkt Tims Vater
eine leichte Linkskurve zu spät und
schleudert mit überhöhter Geschwindigkeit

auf der schneebedeckten Straße geradeaus, direkt auf einen Baum zu. Die letzten Gedanken lösen nur noch einen Schrei aus und schon hängt der Van, fast in der Mitte zerteilt, an einer großen starken Buche. Der Aufprall ist so stark, dass sich Schnee von den Ästen und Zweigen löst, zu Boden fällt und auch das Auto bedeckt. Dann ist es ganz still.

Sekunden nach dem Aufprall sehen die beiden Verunglückten eine helle weite Straße, die sie gemeinsam gehen. Hand in Hand schreiten sie einem grellen Licht entgegen, das sie fast blendet. In einer unsagbar weiten Ferne sehen sie ein großes goldenes Tor; auf dieses gehen sie zu, sehr langsam und sehr mühsam ist der Weg. Um sie herum schweben Sterne und fliegen Engel. Wesen, von denen sie irgendwann einmal, vor langer Zeit in ihrer frühen Kindheit in der Schule gehört hatten. Sie gehen und gehen, aber sie meinen, sie kommen nicht vom Fleck, denn das goldene Tor bleibt immer in der gleichen Entfernung.

Da kommen sieben Engel auf sie zugeflogen, zwei von ihnen greifen einen jeden von ihnen am Arm und fünf sind als Geleit. Da tritt einer der Engel hervor und spricht:

„Dieser Weg dorthin ist noch nicht der Weg, den ihr gemeinsam gehen müsst, wir bringen euch auf den Weg, der für euch nun bestimmt ist."

Im selben Augenblick drehen sie wieder um und die Engel fliegen mit den beiden zurück.

Irgendwann hören sie plötzlich Stimmen:

„Hallo, was ist mit Ihnen, leben Sie noch, geben Sie doch Antwort!"

Einige Zeit nach dem Aufprall hat ein vorbeifahrendes Ehepaar das am Baum hängende Autowrack entdeckt. Doch wie die beiden Ersthelfer auch rufen, es kommt keine Antwort zurück. Während die Frau nach einem Notarzt telefoniert, versucht der Mann die Türen aufzubrechen, ohne jeden Erfolg. Dann ruft er seiner Frau noch zu:

„Die sollen die Feuerwehr mitbringen, die sind eingeklemmt."

Schon Minuten später kommen Feuerwehr und Notarzt mit zwei Sanitätern. Eilig machen sie sich ans Werk und brechen die Türen auf.

„Hallo, können Sie mich hören? Hallo, hören Sie mich?"

Zuerst macht Tims Mutter die Augen langsam auf und sieht einen Mann mit einer weißroten Jacke neben sich, der ihr den Puls am Hals fühlt.

„Was ist los, was ist geschehen, wo bin ich hier?",

fragt sie.

„Keine Angst, wir kümmern uns um Sie, alles wird wieder gut werden", hört sie noch und macht die Augen wieder zu.

Auch Tims Vater wird inzwischen vom Rettungsdienst versorgt. Er hat seine Augen noch nicht geöffnet, er liegt im Koma. Aber im Unterbewusstsein nimmt er Stimmen wahr und bemerkt, wie man an ihm arbeitet.

„Die hatten Glück in Unglück!",

hört er nur sagen, weiß damit allerdings nichts anzufangen. Währenddessen bemühen sich die Rettungskräfte, die beiden Schwerverletzten mithilfe der Feuerwehr aus ihrem Wrack herauszubringen. Als Tims Mutter wieder mal die Augen öffnet, sieht sie alles voller Lichter, blau und weiß strahlt und blitzt alles um sie herum. Menschliche Stimmen hört sie, deren Worte sie nicht zuordnen kann, und immer wieder eine bestimmte Stimme, die ihr sagt:

„Keine Angst, es wird schon alles wieder gut."

Dann landet auch mit großem Getöse ein Rettungshubschrauber etwas abseits der Unfallstelle auf einer nahe gelegenen Wiese. Das Rettungsteam springt sofort aus dem Hubschrauber und eilt zu den beiden Schwerverletzten. Noch an Ort und Stelle werden sie grundversorgt, dann vorsichtig auf eine Trage mit luftgepolstertem Untergrund gelegt und in das Innere des Hubschraubers geschoben. Als Tims Mutter wieder mal für kurze Zeit die Augen öffnet, sieht sie die Rettungssanitäter und einen weißen Engel, einen, den sie ja vor Kurzem schon einmal gesehen hat, der an ihrer Seite ist und ihre Hand hält. Als sie den Kopf dreht, hin zu ihrem Mann, nimmt sie einen weiteren Engel wahr, der die Hand ihres Mannes hält. Sie kann nicht mehr unterscheiden zwischen Traum und Wirklichkeit, weiß nicht, wo und was los ist, hört immer nur wieder diese eine Stimme mit den Worten:

„Es wird alles wieder gut, glaube daran und vertraue mir."

In der Notfallklinik angekommen und aufgenommen, werden beide in getrennte Operationssäle gebracht und untersucht. Dort müssen die Ärzte feststellen, für so viel Glück bei einem derartigen Unfall müssen einige Schutzengel am Werk gewesen sein. Nur so kann es sein, dass die beiden Unfallopfer noch leben. Beide sind ohne Bewusstsein, als sie eingeliefert werden. Die behandelnden Ärzte sind sich einig, dass die beiden noch nicht über dem Berg sind. Da muss noch die eine oder andere Operation erfolgen, Eingriffe, die noch manche Probleme zutage bringen können. Sie ziehen schwere innere Verletzungen in Betracht. Ob die beiden letzten Endes diesen schweren Unfall überleben werden, ist nicht sicher, und wenn, dann unter Umständen mit bleibenden Schäden, so lautet die vorläufige Diagnose.

Von all dem nichts ahnend, geht der kleine Tim mit seinem Schutzengel an der Seite durch Tag und Nacht und durchkreuzt Wald und Flur. Er weiß weder Zeit noch weiß er, wo er überhaupt ist, vertraut sich einfach seinem großen Begleiter an, der, wie er ja sagt, sein Schutzengel sei. Und so denkt er, dass ihm nichts passieren könne und letzten Endes sein Wunsch auch noch wahr werde. Irgendwann, da stehen sie auf einem Hang und Tim sieht vor sich eine hell erleuchtete Stadt. Abermillionen von Kerzen und Lichter mögen das sein, die von einem Tal an den höher gelegenen Waldrand hinaufscheinen wollten. Es fasziniert Tim unendlich, und doch ist er etwas traurig. In seinen Augen ist der Glanz, der vor

Augenblicken noch in seinen Augen war, gänzlich verschwunden.

„Ich habe so ein schlechtes Gefühl in mir, meinst du, ich werde meine Eltern wirklich nochmals sehen?", fragt er plötzlich seinen Engel an seiner Seite. Tim bleibt stehen und schaut den Engel mit fragenden Augen an.

„Komm, setzen wir uns hin, bevor wir in diese Stadt gehen",

antwortet der Engel. Es ist zwar nicht die Antwort, die sich Tim erwartet hat, aber er begnügt sich im Moment damit.

„Schau mal, Tim, siehst du diese vielen Lichter da unten, siehst du am Himmel diese vielen Sterne da oben? Sie leuchten so schön und ein jedes helle Licht ist ein fröhliches Kinderauge. Und diese, die nicht so hell leuchten, das sind die Augen eines Kindes, das so traurig ist wie du. In Kürze feiern wir die Geburt von Jesus Christus, arm, in Stroh und in einer Krippe liegend. So wie vor über 2000 Jahren, so wird es auch heute sein, und das Jesuskind wird lächeln."

Tim schaut ihn an.

„Wer ist das, der geboren wird? Warum vor über 2000 Jahren und warum feiern wir es heute wieder?"

Irgendwie versteht er nicht, was ihm der Engel sagen will und er will auch keine Antwort darauf, sondern fragt nochmals:

„Meinst du, ich werde meine Eltern wiedersehen?"

Da schaut ihn der Engel an und sagt:

„Denke nur an deinen Wunsch an den heiligen Nikolaus!"

Soll er das glauben, soll er wirklich glauben, was ihm der Engel versprochen hat?

In der Klinik kämpfen die Ärzte weiter um das Leben von Tims Eltern. Beide sind inzwischen bereits mehrfach operiert und wie es scheint, ist beider Zustand relativ stabil. In den vielen Stunden, in denen sie auf einem Operationstisch lagen, haben die Ärzte ihr Bestes gegeben und alles versucht, um sie am Leben zu erhalten. Dennoch, die inneren Verletzungen können immer noch zum Tode führen und machen eine Rundumbewachung unumgänglich. Den Chefarzt plagen immer noch Zweifel, was aus den beiden Verunglückten wird und lässt vorsichtshalber mal nach Angehörigen suchen. Es ist kurz vor Weihnachten, vielleicht hätten sie längst irgendwo ankommen sollen. Vielleicht macht sich jemand Sorgen und Gedanken. Die Krankenschwestern werden mit der Suche nach den Angehörigen beauftragt und finden diese auch durch Zufall in dieser Stadt. Beider Elternpaare leben noch und werden sofort angerufen. Die Schwester versucht ihnen schonend beizubringen, was geschehen ist und dass sie der Chefarzt bittet, so bald wie möglich in die Klinik zu kommen.

Seit Jahren haben beide Großeltern nichts mehr von ihren Kindern gehört und gesehen. Ihnen ist auch nichts von dem Enkel Tim bekannt, aber auch in der Klinik weiß niemand von ihm. Tims Eltern hatten damals gegen den Willen ihrer Eltern geheiratet, die beiden Familien führten einen langen Familienkrieg, der bis zum heutigen Tage anhielt. So verschwanden Tims Eltern vor ihrer Hochzeit still und leise, heirateten irgendwo und bekamen Tim als einziges Kind. Dass sich die beiden Familien nie ausgesöhnt haben, bekommt man auch in der Klinik lautstark zu hören, als sie rein zufällig gemeinsam dort eintreffen.

Der zuständige Arzt der Intensivstation lässt die beiden Elternpaare zu sich ins Zimmer kommen, bevor sie ihre Kinder sehen. Er möchte erst mal die Problematik des Gesundheitszustandes erklären. Im Sprechzimmer des Arztes angekommen, ohne jede Höflichkeit, geht es auch gleich los:

„Das hat ja mal so kommen müssen, wir haben unsere Tochter immer davor gewarnt, der war schon immer ein Todesfahrer!",
beschimpft die Mutter die anderen.

„Unser Sohn fährt immer ordentlich, und ganz sicher ist die Tochter dieser Leute daran schuld, dass dies jetzt passieren musste. Die konnte sich doch nie zurückhalten, immer hat alles nur nach ihr gehen müssen!",
wettert der Vater von Tims Vater zurück.

Der Arzt hat Mühe, die vier anwesenden Angehörigen wieder zur Vernunft zu bringen:

„Meine Herrschaften, das hilft uns jetzt auch nicht weiter, Schuld hin und Schuld her, wir wissen nicht genau, ob sie Weihnachten überleben werden. Wir werden unser Allermöglichstes tun, damit sie ohne Folgeschäden aus dieser Klinik gesund entlassen werden können. Alles andere liegt beim Herrgott, der Ihren Kindern bisher eine ganz Schar von Schutzengeln geschickt hat."

Empört steht die Mutter von Tims Vater auf: „Hören Sie mit dem da droben auf, mit dem hatten wir noch nie etwas zu schaffen. Und von wegen Engel, haben die unsere Kinder etwa beschützt bei dem Unfall? Hat Gott je etwas Gutes getan?"

Der Arzt weiß nicht mehr, was er sagen soll:

„Wir müssen auf die Zeit hoffen, kommen Sie mit, dann können Sie die beiden sehen."

Als sie dann vor dem Fenster stehen und durch das Glas sehen, verstehen sie langsam den Ernst der Lage. Ihnen stehen die Tränen in den Augen und sie wissen nicht so recht, wie sie damit umgehen sollen. Der Arzt, der hinter ihnen steht, sagt nur:

„Gottes Wille geschehe",

und geht dann weg. Zwei fast leblose Körper hängen an Maschinen, vier Menschen stehen da und starren sie an. Sie hoffen insgeheim doch auf einen guten Ausgang für beide, auch wenn sie es nicht zugeben würden, und gehen dann wortlos weg.

Inzwischen ist Heiligabend und Tim sitzt schon am frühen Morgen auf den Stufen einer Klinik dieser Stadt, deren Lichter er gesehen hat. Sein Schutzengel hat ihn hierherbegleitet und weiß, jetzt geht der kleine Tim seinen Weg alleine. Eine Schwester, die zum Frühdienst kommt, sieht den kleinen Jungen da auf den Stufen des Einganges sitzen und fragt ihn: „Wo kommst du denn her und wo willst du hin?" Tim, ein wenig verschlafen, antwortet:

„Ich suche meine Mutter und meinen Vater, der Nikolaus hat mir gesagt, mein Wunsch würde sich erfüllen!"

Die Schwester nimmt ihn bei der Hand:

„Komm erst mal mit rein ins Warme, hier ist es doch eisig kalt, du erfrierst mir ja noch draußen",

und geht mit ihm auf ihre Station. Dort setzt sie ihn erst mal an einen Tisch und bringt ihm einen heißen Tee.

„Jetzt erzähl mal, was hast du dir denn vom Nikolaus gewünscht und wie heißt du denn überhaupt?"

Tim nimmt die Tasse zwischen seine kleinen Hände und schlürft langsam den heißen Tee.

„Ich heiße Tim, aber wenn ich meinen Wunsch verrate, dann geht er ja nicht in Erfüllung",

antwortet der kleine Mann weise.

„Tja, Tim, da hast du allerdings recht, aber wo sind deine Eltern, die du suchst?", fragt die Schwester weiter.

Dann erzählt Tim ihr diese ganze Geschichte, wie er da auf der Bank saß, weil ihn seine Eltern vergessen hatten. Und wie dann das Wesen vor ihm auftauchte, der sich als sein Schutzengel ausgab. Und dann auch noch, dass er den heiligen Nikolaus getroffen hat. Ja, und dass sein Schutzengel auf ihn aufgepasst hätte. Die Schwester lächelt ihn an:

„Na dann, dann wird sich dein Wunsch ganz sicher erfüllen. Und ganz bestimmt haben deine Mutter und dein Vater auch so einen Schutzengel, der sie zu dir führt."

Tim schlürft weiter an seinem Tee und die Schwester stellt ihm ein paar Plätzchen dazu, die sie extra für heute für ihre Kolleginnen mitgebracht hat.

„Hier, mein Junge, iss ruhig diese Plätzchen. Die habe ich zwar für meine Kolleginnen mitgebracht, aber die können sie verschmerzen. Du hast doch bestimmt

Hunger, oder? Wie lange sitzt du denn schon da draußen auf der Treppe und wie lange hast du nichts mehr gegessen?",

will die Schwester mehr aus dem Jungen herausholen.

„Ich weiß es nicht, wie lange, wir wollten doch in Urlaub fahren, bis Silvester, ganz toll sollte es werden, das hat mir meine Mama versprochen. Aber wie lange ich wartete, weiß ich nicht genau, es war Nacht, die ganze Stadt voller Lichter. Am Himmel waren viele Sterne",

kann Tim nur zur Antwort geben.

„Aber wie kommst du jetzt gerade hierher in diese Klinik, hast du dich verlaufen?",

will die Schwester weiter wissen.

„Ich weiß es nicht, mein Schutzengel hat mich hierherbegleitet, vielleicht damit ich von dir einen heißen Tee und Plätzchen bekomme, denn er hatte so etwas nicht dabei."

Die Schwester muss wieder schmunzeln, und fragt sich, ob es so etwas wirklich gibt. Sie denkt sich, der Kleine hat sich halt einfach verlaufen und ist hier müde auf den Treppen zusammengesunken. Noch hat sie ein wenig Zeit, bis ihre Schicht beginnt und möchte natürlich nicht gleich die Polizei verständigen, es ist Heiligabend, und wer weiß, wo der kleine Tim dann landen würde.

„Mein Schutzengel hat mir erzählt, am Himmel oben, diese vielen hellen Sterne, das seien nur fröhliche Kinderaugen. Und die dunklen Sterne, das seien Augen von unglücklichen Kindern, wie ich es bin",
erklärt der kleine Tim seine durch seinen Engel erlangte Weisheit.

„Sag mal, Tim, du hast doch sicher auch noch einen Nachnamen, und vielleicht weißt du auch, wie deine Eltern heißen?"
Nachdem Tim ein Plätzchen gegessen hat und den Mund wieder frei hat, sagt er:

„Ja, Langenfeld, Tim Langenfeld heiße ich und mein Vater auch und meine Mutter auch. Meine Mama hat mir das gesagt, ich soll es nie vergessen. Denn wenn sie mich mal verlieren würde, kann ich dann jemand sagen, wo er mich hinbringen muss."

Irgendwie kommt der Schwester dieser Name bekannt vor, es kann ja Zufall sein, aber sie will der Sache doch einmal nachgehen. Sie setzt sich an den Computer und gibt den Namen „Langenfeld" in die Patientenliste ein. Und tatsächlich, hier sind ein Mann und eine Frau aufgeführt, ein Herr Anton Langenfeld und eine Gundula Langenfeld. Dann wendet sie sich wieder dem kleinen Tim zu und fragt ihn:

„Sag mal, heißt dein Vater Anton und deine Mutter Gundula?"

Tim schaut auf, immer noch Plätzchen essend:

„Meine Mama sagt zu Papa immer Toni und Papa zu Mama Gundi ..."

Die Schwester denkt sich, dies kann ein Zufall sein, oder auch nicht.

„Sag mal, wo bist du denn zu Hause?"

Was die alles fragt, denkt sich der kleine Tim, na ja, aber vielleicht kann sie mich dann wieder zu meinen Eltern bringen und antwortet ihr:

„Ich gehe in Gundelsdorf in den Kindergarten, und da wohne ich auch mit meinen Eltern."

Ja, passt alles zusammen, denkt sich die Schwester. Dann ruft sie sicherheitshalber mal auf der Intensivstation an und erkundigt sich nach dem Ehepaar Langenfeld. Dort erfährt sie, dass beide vor einer Stunde aus dem Koma aufgewacht und ansprechbar sind. Sie erzählt ihrer Kollegin von dem morgendlichen Fund auf den Treppen des Klinikeinganges und weiß nicht, wie sie sich jetzt verhalten soll. Ihre Kollegin berichtet ihr auch, dass die Frau in der letzten Nacht immer von einem Tim gesprochen und geträumt hat und sich bei ihm entschuldigte. Dann wird es wohl der Sohn von den beiden sein, denken sie und sprechen es auch zu ihrem Gegenüber so aus.

Während die Schwester noch telefoniert, fragt der kleine Tim:

„Bringst du mich jetzt nach Hause? Weißt du, wo Gundelsdorf liegt? Ich kann es von hier aus nicht mehr finden."

„Warte einen Moment, mein Kleiner, ich denke, es wird schon alles gut werden",
tröstet sie ihn.

„Ja, das haben der Nikolaus und mein Schutzengel auch immer zu mir gesagt. Ich soll es mir nur wünschen und alles wird gut werden. – Oh, jetzt habe ich meinen Wunsch verraten",
sagt drauf der Kleine.

Die Schwester schaut ihn mit einem etwas verzerrten Lächeln an und nickt ihm einfach zu.

„Aber wie um Himmels Willen ist er gerade hierhergekommen, das verstehe ich jetzt nicht ganz", fragt die Kollegin am Telefon.

„Du, das kann ich dir jetzt nicht erklären, ich weiß gar nichts mehr, der Junge hat mir was erzählt, aber das kann es ja nur in Märchen geben",

wimmelt sie ihre Kollegin ab.

Allerdings kann sie es auch nicht verstehen. Warum gerade hier vor dieser Klinik, wir haben doch in der Stadt noch zwei andere Privatkliniken. Der Junge hatte doch keine Ahnung davon, was mit seinen Eltern geschehen war. Sie ist in dieser Hinsicht ratlos, aber glaubt nun ganz einfach an die eine oder andere Fügung.

„Wer weiß, vielleicht hat der Junge doch in irgend- einer Weise recht und verwechselt nur etwas, vielleicht hatte er einen Schock",

spricht sie leise vor sich hin.

Auf der Intensivstation wird nach dem Anruf der Kollegin auch gleich der behandelnde Chefarzt gerufen. Die Schwester erzählt ihm von dem Telefonat mit ihrer Kollegin und von dem kleinen Mann. Dann auch von den nächtlichen Träumen der Frau Langenfeld, und wie sie immer wieder mal den Namen Tim erwähnt hatte. Nachdenklich lässt der Arzt zuerst mal die Großeltern darüber informieren, dass ihre Kinder bei Bewusstsein und ansprechbar seien. Von dem Kind soll nichts erwähnt werden, gibt er strengstens Anweisung. Denn das würde wohl doch mehr Schaden als Gutes anrichten, diesbezüglich ist er sich inzwischen ganz sicher, nachdem er die Großelternpaare kennengelernt hatte. Denn die haben ja auch nicht einmal nach ihrem Enkelkind gefragt. Und so lässt er die Großelternpaare um 14 Uhr in die Klinik bestellen. Bis dahin möchte er die Verletzten nochmals untersuchen und seiner Sache ganz sicher sein, dass sie wirklich über den Berg sind.

Den kleinen Tim will er noch in der anderen Station belassen, so lange, bis er es für richtig hält, ihn zu seinen Eltern zu führen. Doch davor möchte er ihn sich schon auch mal anschauen. Es ist Heiligabend, der kleine Junge ist alleine, die Großeltern sind nur Krawallhähne, die Eltern sind hier auf der Intensivstation, irgendwas geht dem Arzt durch den Kopf. Er weiß, dass die Gesundheit der Verletzten auch mit dem Jungen zusammenhängen kann. Und er will nicht, dass der Junge Weihnachten vielleicht sogar vorübergehend in einem Heim verbringen muss. Denn den Großeltern, egal welchen, möchte er ihn nicht anvertrauen. Die würden sich wohl noch darum streiten, wer ihn bekommen sollte. Es würde noch Zeit bis 14 Uhr sein, man könnte noch so manches arrangieren, und so holt er seine Schwestern und die Stationshelfer in sein Zimmer.

„Ich weiß, Arbeit ist wie immer genügend da und ihr habt auch ein Recht auf Feierabend, ein Recht auch auf einen familiären Heiligabend. Ich kann und möchte es von euch nicht verlangen, aber ich habe da so eine Idee, wie wir alle zusammen dieses Weihnachtsfest noch verschönern können ...“

Und dann erzählt er kurz, worum es geht, und über seine Gedanken.

„Ich weiß nicht, ob es eine gute Idee ist, aber ich spüre es, dass es so, und nur so funktionieren kann.“

Dann geht der Arzt zuerst einmal zu dem Ehepaar Langenfeld, überprüft alle lebensnotwendigen Funktionen und schaut sich nochmals alle Werte an. Diese, so auf den ersten Blick, scheinen ihm sehr gut. Auffallend sind jedoch die starken Schwankungen, die sich immer wieder zeigen. Dies kann er aber durchaus auf Träume zurückführen. Schuldgefühle, die sich belastend auswirken. Aber der Arzt ist sich sicher, wenn keine Komplikationen mehr eintreten, kann er sein Vorhaben ohne Weiteres verantworten.

Dann besucht er den kleinen Tim auf der Station III. Dort geht er direkt ins Schwesternzimmer und begrüßt den kleinen Mann ganz freundlich:

„Hallo, bist du der kleine Tim, von dem alle hier schon reden? Ich bin der Chef von diesem großen Haus, und weißt du, hier geschieht nichts, wovon ich nichts weiß."

Der kleine Tim schaut den Mann mit dem weißen Kittel etwas verdutzt an. Dann nickt er einfach nur.

„Weißt du, man hat mir erzählt, dass du eine wunderbare Begegnung mit dem Nikolaus gehabt hast. War er denn brav zu dir?",

versucht der Arzt dem Jungen die Scheu etwas zu nehmen. Doch der nickt nur wieder.

„Na gut, das freut mich, denn der Nikolaus ist ein braver Mann, der hilft dem Christkind immer, und du weißt doch, heute ist Heiligabend."

Daraufhin schüttelt Tim den Kopf.

„Nein, das weiß ich nicht, aber der Nikolaus hat gesagt, das Christkind würde mir meinen Wunsch erfüllen, weil er das Geschenk nicht dabei hatte."

„Nun gut",

antwortet der Mediziner darauf und versucht ihm weiter zu erklären:

„Schau mal, an Heiligabend, also heute, erinnern wir uns an die Geburt des Jesuskindes, und aus lauter Freude über diese Geburt werden an diesem Abend alle Kinder auf dieser Welt beschenkt. Manche wünschen sich Geschenke beim Nikolaus, dem Boten des Christkindes, andere wiederum schreiben ihre Wünsche in einem Brief und schicken ihm ihre Wünsche. Du hast es dem Nikolaus anvertraut, der hat es dem Christkind weitergegeben, und heute soll dein Wunsch in Erfüllung gehen. Verstehst du das?"

Der kleine Tim nickt.

„Ja, ein bisschen."

„Gut, mein kleiner Tim, jetzt werde ich mal bei dir ein paar kleine Untersuchungen machen, dann kann der Wunsch in Erfüllung gehen. Du willst doch ganz gesund zu deinen Eltern kommen, oder?"

Und wieder nickt der Kleine nur.

Dann macht der Arzt ein paar Untersuchungen, schaut sich den Oberkörper des Jungen an, ob da Misshandlungen stattgefunden haben, prüft Lunge, Puls und Blutdruck. Nachdem alles zu seiner Zufriedenheit ist, fordert er den Kleinen auf, sich wieder anzuziehen.

„So, lieber Tim, alles ist in Ordnung, jetzt kann das Christkind kommen. Musst dich nur noch etwas gedulden, die Schwester bringt dir nochmals Tee und ein paar

Plätzchen, und wenn es so weit ist, dann werde ich dich rufen. Ist das so schön für dich?"

Wieder nickt Tim.

„Ja, danke."

Dann verlässt der Arzt das Schwesternzimmer, geht wieder zurück auf seine Station und schaut dort nach dem Rechten. Seine Mädels waren folgsam und haben alles so weit arrangiert. Das Ehepaar Langenfeld wurde in ein Zimmer zusammengelegt und sie selber haben sich schon zurechtgemacht. Jetzt ist es aber für ihn auch höchste Eisenbahn. Mit der Hilfe aller geht es dann ganz rasch und auch der Herr Doktor hat die passende Garderobe an.

Als es langsam auf 14 Uhr zugeht, lässt er den kleinen Tim zu sich bringen. Er konnte zwar kein Christkind aus sich machen, wohl aber den heiligen Nikolaus. Mit seinem festlichen Gewand und seinem

Nikolausstab stellt er sich mitten in sein Zimmer, dann gibt er die Anweisung, man möge den kleinen Tim doch hereinbringen, was auch postwendend geschieht.

Die Schwester klopft an die Tür, aus der ein dumpfes

„Herein"

erklingt. Dann öffnet sie die Tür und begleitet den kleinen Tim ins Zimmer.

„Hallo, Tim, wir haben uns ja bereits getroffen, und nun bin ich hier, um dir im Auftrag des Christkindes deinen Wunsch zu erfüllen."

Tim schaut ihn an und merkt, dass der Nikolaus, den er getroffen hatte, ein ganz anderes Gewand anhatte.

„Nein, dich habe ich noch nie gesehen, du hast ja ein weißes Gewand an, der andere hatte ein rotes Gewand",

erwidert Tim ihm gleich spontan.

„Ja, weißt du, Tim, für diesen besonderen Anlass habe ich auch mein Festtagsgewand angezogen."

Tim glaubt es einfach mal:

„Na und, wie kannst du jetzt meinen Wunsch erfüllen?",

will er wissen.

Dann nimmt der Nikolaus Tim bei der Hand, geht mit ihm den langen Flur entlang und bleibt vor einer Tür stehen. Vor dieser Tür stehen Engel, als würden sie etwas bewachen. Dort klopft er an die Tür und geht auf leisen Schritten in das Zimmer. Den kleinen Tim lässt er noch bei den Engeln stehen.

„Hallo, hier ist der Nikolaus, mich schickt das Christkind, das leider keine Zeit hat und anderweitig unterwegs ist. Aber es hat mir aufgetragen, euch euer Weihnachtsgeschenk zu überbringen."

Das Ehepaar schaut noch sehr schwach aus, weiß nichts darauf zu sagen und nimmt alles einfach mal hin.

Dann geht er etwas zurück zur Tür und führt, in Begleitung der beiden Engel, Tim an der Hand zu den etwas verdutzten Eltern. Der kleine Tim löst sich von der Hand des Nikolaus und geht zu seiner Mutter und umarmt sie, dann zu seinem Vater und umarmt ihn auch. Allen beiden stehen Tränen in den Augen. Beide können vor Glück gar nichts sagen, drücken einfach nur Tims Hand. Und Tim sitzt zwischendrin, mit einem glücklichen Lächeln, wie man es bei ihm selten gesehen hat.

Die anderen Schwestern sind beauftragt, die Großeltern erst mal noch in einem Wartezimmer warten zu lassen.

Auch der Nikolaus strahlt und freut sich unter seinem weißen Bart. Bevor er das

Zimmer verlässt, richtet er an die drei noch folgende Worte:

„Wisst ihr, das Christkind weiß fast alles, und es weiß auch, dass aller guten Dinge drei sind. Wartet einen Moment, ich bin gleich wieder da."

Bei diesem Satz ist ihm jetzt nicht ganz wohl. Ob er vielleicht übertrieben hat? Das Eis ist sehr dünn, auf dem er sich bewegt, das spürt er. Aber dennoch hat er gute Hoffnung. Denn warum soll Weihnachten, das Fest des Friedens und der Freude nicht auch vier Krawallhähne zusammenführen. Er nimmt an, jeder Mensch hat ein Herz, und wenn es aus Stein ist, dann muss man es erweichen.

Dann geht er mit einem gestärkten Selbstvertrauen in das Wartezimmer, in dem nur diese vier Personen sitzen. Er begrüßt sie mit: „Fröhliche Weihnacht wünsche ich euch."

Noch bevor etwas über deren Lippen kommen kann, fährt er gleich weiter fort:

„Ich bin der Nikolaus und vom Christkind geschickt. Ich bin heute hier, um Menschen Freude zu bringen, allen Menschen auf Erden, und auch Frieden. Soeben habe ich drei Menschen ihre Wünsche erfüllen können und ich bin sicher, auch euch kann ich Freude und Frieden bringen."

Die vier wissen gar nicht, wie ihnen geschieht, und schon kommt es auch wie aus dem Schießgewehr von der Mutter der Frau Langenfeld:

„Sind wir hier in einem falschen Film? Was soll der Schmarren mit fröhlicher Weihnacht und dem Zeug, haben wir noch nie mitgemacht, diesen Unsinn. Und von wegen Nikolaus, sind wir hier denn in einem Kasperletheater. Hören Sie bloß auf, bevor ich Ihnen das Gewand vom Leibe reiße!"

Plötzlich sind sie sich einig, denn die andere Mutter schießt aus demselben Lauf: „Man hatte uns gesagt, es ginge hier um unsere Kinder, und dann kommen Sie daher mit so einem Kinderkram. Sind wir hier in einer Klinik oder in einem Kindergarten? Ich glaube inzwischen, eher Kindergarten. Komm, Xaver, wir gehen, wir lassen uns doch nicht verspotten."

Der als Nikolaus verkleidete Arzt hat auch keine andere Reaktion erwartet, aber er ist sich sicher, die werden sich noch wundern.

Die als Engel verkleideten Schwestern stehen so in der Tür, dass niemand hinaus kann. Sie haben schon ein wenig mit der Angst zu kämpfen, dass die vier sie einfach zur Seite schieben würden. Aber so weit lässt es der Arzt nicht kommen.

„Ich kann Sie ja durchaus verstehen. Sie können sich nicht leiden, Ihre Kinder haben Sie verloren, warum auch immer, aber meinen Sie nicht, so langsam könnte Ihnen allen Frieden guttun? Schauen Sie doch, Sie sind alle vier nicht mehr die Jüngsten. Um ein Haar wären Ihre Kinder von Ihnen gegangen, hätten Sie das mit Ihrem Gewissen denn vereinbaren können? Wollen Sie mir bitte nicht doch mitkommen?",

sagt er darauf nur mit einem recht mürrischen Blick und einer doch recht sanften Stimme. Die vier verstummen und folgen dann doch seiner Aufforderung. Die beiden Engel machen den Weg frei und bleiben hinter dem Ehepaar. Sie gehen wieder den Gang entlang, wie schon zuvor. Wieder bleibt er vor dieser einen Tür stehen, klopft erneut und öffnet sie. Er geht zur Seite und lässt den Großeltern den Vortritt. Vor sich sehen sie ein großes Zimmer, in der Mitte einen wunderschönen Weihnachtsbaum, die beiden Betten und in der Mitte einen kleinen Jungen, der beide fest an der Hand hält. Anton und Gundula stehen die Tränen in den Augen, als sie nach nahezu fast zehn Jahren ihre Eltern wiedersehen.

„Hallo Mama, hallo Papa, das ist euer Enkel",

sagen Gundula und Anton stereo, und setzen hinzu:

„Tim, das sind deine Omas und Opas."

Alle vier wissen nicht mehr, was sie sagen sollen, der kleine junge Mann steht auf und nimmt die Omas und die Opas an der Hand.

„Dann sind wir jetzt eine richtig schöne große Familie. Jetzt weiß ich auch, was eine Oma und ein Opa ist."

Dann geht er zum Nikolaus und dankt ihm von Herzen:

„Ich habe nicht geglaubt, dass du meinen Wunsch wirklich erfüllen kannst, danke, danke, danke. Und sag bitte meinem Schutzengel auch Danke, dass er mich beschützt und mir geholfen hat."

Im nächsten Moment kommen die Schwestern, als weiße Engel verkleidet, und decken den Tisch, welcher schon im Zimmer bereitstand, weihnachtlich geschmückt und mit Kaffee und Plätzchen gedeckt, und wünschen:

„Fröhliche Weihnacht alle miteinander!"

Die beiden Großelternpaare wissen nicht mehr, was sie sagen sollen, allen vieren laufen die Tränen über ihre Wangen und die beiden Paare halten sich ganz fest an ihren Händen. Aus ihnen kommt mit einer leisen Stimme nur:

„Danke, euch auch eine fröhliche Weihnacht."

Mit einem verschmitzten Lächeln unter dem angeklebten Bart wünscht auch der Nikolaus:

„Fröhliche Weihnacht allen zusammen und ein friedvolles Fest. Was gibt es denn Schöneres als nur glückliche Menschen zu sehen. Und wenn ihr auch nichts mit

Weihnachten und dem Schmarren zu tun haben wollt, euer Sohn und Enkel tut es. Gesundheit hat nicht nur mit dem Körper zu tun, Gesundheit kommt auch aus der Seele. Und nur wenn die Seele gesund ist, kann der Körper auch genesen. Es hat sich millionenfach erwiesen, wer in Frieden miteinander und zueinander lebt, der lebt gesünder und braucht solche Häuser wie dieses hier nicht. Der Arzt und die Klinikleitung erlauben diese Ausnahme, dass Sie hier zusammen diesen Heiligabend und Weihnachten verbringen dürfen. Der kleine Tim darf bis zur endgültigen Genesung seiner Eltern bei Ihnen bleiben. Auf eine wundervolle und friedliche Zukunft. Im Namen des Christkindes, des Nikolaus und euren Schutzengeln, sowie der gesamten Klinikleitung."

Dann geht er zurück, verlässt das Zimmer mit seinen „Engeln" und schließt hinter sich die Tür. Draußen dankt er seinen Mädels, denen die Tränen fließen, recht herzlich nimmt er sie in den Arm und sagt: „Ich habe es nicht geglaubt, aber gehofft. Ich weiß es nicht, aber vielleicht waren hier doch sehr viele Engel im Spiel und unser kleiner Tim hat uns nicht angelogen. Wir wissen so viel und doch so wenig. Macht Feierabend, ich wünsche euch ein frohes und friedliches Weihnachtsfest im Kreise euer Lieben. Ihr habt heute dazu beigetragen, sieben Menschen glücklich zu machen, das ist wirklich Weihnachten."

Hinter einer Tür fließen die Tränen weiter vor Freude. Eigentlich haben sie es sich alle gewünscht, wieder diese große Familie zu sein, doch keiner machte den ersten Schritt dazu. Nun überschütten sie sich gegenseitig mit Entschuldigungen. Bis Tim diese Unterhaltung unterbricht und sagt:

„Wisst ihr, ich habe jetzt so viel erlebt, und mein Schutzengel hat mir so viel erklärt, warum Papa so war, und er hat gesagt, es wird alles gut."

Dann nimmt Tim jeden Einzelnen nochmals in seine Arme, drückt sie ganz fest und sagt zu jedem:

„Frohe Weihnachten, schön, dass es dich gibt."

Und so wird für Tim dies das erste schöne Weihnachten, das er erleben durfte, dem aber noch viele weitere folgen sollten ...

Brief ans Christkind

Es blickt ein Mann für sich zurück
in eine Zeit, wo groß das Glück,
wenn er an das Christkind schrieb,
was ihm teuer, wichtig und lieb.

Das Christkind hat es stets erkannt,
was alles in seinen Briefen stand,
wo er um dies und jenes bat,
und alles ihm auch erfüllen tat.

Nun sitzt er wieder einmal da
und in die Vergangenheit dort sah,
was ihm an Glück wurde beschert,
so das Christkind er heute noch verehrt.

Nun setzt er sich mal hin als Mann
und fängt erneut zu schreiben an,
schreibt dem Christkind einen Bericht,
was ihn so sehr im Herzen sticht.

Er erzählt ihm von dieser einen Frau,
mit ihrem schönen Augenfarbenblau,
von dem Strahlen aus ihrem Augenpaar,
das ihn beglückt, gar so wunderbar.

So gerne möchte er ihr vieles sagen,
und wollte sie auch schon so vieles fragen,
denn sie hat es ihm so sehr angetan,
schlimm, wenn da wäre schon ein and'rer
Mann.

Er bittet hier das Christkind nun um Rat,
vielleicht steht ein Engel auch gerad' parat,
der sagen könnt, ob ja oder ob nein,
oder ob alles könnte vielleicht sein.

Da hört er einen Engel, der ihn fragt
warum er denn schon jetzt verzagt,
nur der, der wirklich alles dafür gibt,
nur der, der wird wirklich auch geliebt.

Gib ihr Sicherheit, gib ihr das Gefühl, dass
sie mit dir erreicht ein jedes Ziel,
gib ihr Liebe ohne jeden Verdruss,
weil sie dich dann wirklich lieben muss.

Der Mann, erschrocken sitzt er da,
die Stimme, doch niemand, den er sah.
Ja, soll es denn wirklich schon so sein,
dass Weihnacht' er ist nicht mehr allein?

Der Engel antwortet auf seine Frage nur:
Ist sie für dich von Reinheit, ist sie pur,
dann kannst du dir ganz sicher sein,
Weihnachten verbringst du nicht mehr
allein.

Du weißt es doch sehr lange schon,
Geduld ist der Liebenden ihr Lohn,
lauf nicht hinterher, der Liebe und dem
Glück,
es kommt alles, manchmal nur Stück für
Stück.

Ja, sagt der Mann dem Engel im Nu,
ja, sagt er, er gibt es ja wirklich zu,
wenn es der Himmel nun einmal so will,
dann ist es Liebe, mit sehr viel Gefühl.

Nun denkt er nach über seinen Brief,
in seinen Gedanken versunken, ganz tief,
das Christkind weiß über alles lang
Bescheid,
über die Liebe, das Glück, aber auch das
Leid.

Regines Brief an das Christkind

Die kleine Regine lebt zusammen mit ihrer Mutter Sonja auf einem kleinen alten Bauernhof. Auf jenem, auf dem ihre Großeltern schon lebten, und ein anderes Leben kennt sie nicht. Sie haben nicht viel, gerade so viel, dass es zum Leben so reicht, wie ihre Mutter ihr immer wieder sagt. Gerne wüsste sie, wer denn ihr Vater ist, warum er nicht bei ihnen lebt, doch auf diese Frage bekommt sie von ihrer Mutter nie eine Antwort. Es ist auch niemand, der ihr diese Frage beantworten könnte. So begnügt sie sich immer wieder mit dem Schweigen der Mutter, wenn darauf die Sprache kommt. Regine will ihre Mutter auch nicht immer quälen, denn ihr ist bewusst, dieses Thema ist ihr unangenehm. Und so belässt sie es, wie es ist. Nachts, manchmal, ja, da hört sie ihre Mutter weinen, und wie sie in ihren Tränen laut betet. Dann merkt sie immer, wie unglücklich ihre geliebte Mutter ist. Sie ist zwar klein, dennoch weiß sie, sie zwei haben es nicht leicht. Sonjas Wunsch ist es, ihre Kleine gut zu erziehen, ihr ein schönes Zuhause zu bieten und, so wie es andere Kinder auch haben, eine intakte Familie. Neidisch sieht sie oft, wie andere junge Familien im Sommer vorbeifahren, wie glücklich die Kinder mit ihren Vätern spielen, umhertollen. Wie gerne würde sie das alles auch ihrer Regine bieten wollen.

Wenn Sonja wieder einmal ihren Gedanken nachhängt, dann kommen ihr die Tränen. Regine war nicht wirklich ein Kind der Liebe, sie wollte mit diesem Mann nichts wirklich anfangen. Wie es wirklich dazu kam, kann sie sich selber nicht mehr erklären, es ist einfach passiert, im Urlaub. Schon am nächsten Morgen war er verschwunden und sie hat nie wieder etwas von ihm gehört. Sieben Jahre ist es her, und diese ganzen sieben Jahre litt sie darunter. Wen hätte sie nicht schon alles haben können, wer hatte ihr nicht schon alles den Hof gemacht! Sie weiß selber nicht, warum sie all diese Männer immer wieder vor den Kopf gestoßen hat. Aber sie war einfach nicht frei, gefesselt von der Vergangenheit, es könnte sich so etwas wiederholen. Wollte sie nicht schon immer eine große Familie haben? Wollte sie nicht schon immer diesen Hof auf Vordermann bringen?

Ja, dies waren schon immer ihre Wünsche und Träume gewesen. In dieser einen Nacht sieht sie ihr Schicksal und wie jede Illusion darin begraben wurde. In der Stadt hat sie eine kleine Boutique, was diese abwirft, dies reicht gerade mal zum Leben, zu mehr schon gar nicht. Aber man muss mit kleinen Dingen zufrieden sein, sagt, denkt und redet sie sich immer wieder ein. Doch dass es nicht stimmt, weiß sie, würde es aber nie zugeben.

Regine spürt es und merkt, dass ihre Mutti nicht glücklich ist, und schon wieder steht bald Weihnachten vor der Tür. Wieder würden sie beide alleine vor einem wundervoll geschmückten Weihnachtsbaum stehen, wieder würden sie ihn alleine schmücken, wie jedes Jahr die Kindermette besuchen, klein und fein essen und im Anschluss die Geschenke auspacken. Nun, es werden wenige sein, aber alle kommen aus dem tiefsten Herzen. Bestimmt wird wieder ein Spiel dabei sein, welches sie beide spielen können. Und wieder wird ihre Mutter mit den Tränen kämpfen.

Nein, sie kann es so nicht mehr zulassen.

Die Zeit drängt, Sonderwünsche kann auch ein Christkind nicht im Handumdrehen erfüllen. Sie muss noch heute einen Brief an das Christkind schreiben. Und so setzt sich Regine hin und verfasst ihren Brief:

Liebes Christkind,

Du hast mir schon so viele Sachen geschenkt, es war nicht immer alles dabei, was ich mir gewünscht habe, aber ich war zufrieden damit. Auch meine Mutter hast Du immer beschenkt, und auch sie war zufrieden mit all dem, was sie von Dir bekam. Aber weißt Du, meine Mutter ist unglücklich, sie wird es mir und Dir gegenüber nicht zugeben, aber wir beide wissen es doch, oder?
Weißt Du, wenn sie nicht glücklich ist, dann bin ich es auch nicht, und so könntest Du mit einem Wunsch uns beide glücklich machen. Ich glaube nicht, dass Du dafür Geld ausgeben musst, ich glaube, so hat es mir mal meine Mutti gesagt, Glück kann

man nicht kaufen, man bekommt es geschenkt.

Weißt Du, liebes Christkind, ich höre Mutti oft weinen, und dann betet sie auch. Sie möchte einen liebevollen Mann und für mich einen gerechten Vater. Weißt Du, er muss nicht reich sein, aber ein liebevoller, guter Mensch soll er sein. Ganz wichtig, Mutti wünscht sich von ihm einfach auch Sicherheit und er muss kinderlieb sein, ja, mich auch lieben und mögen. Es könnte ja auch sein, dass sie gerne meinen Vater wieder lieben möchte. Man bekommt ja auch nur Kinder, wenn man sich liebt, sagt meine Mutti immer. Ach, ich weiß es doch nicht, aber Du im Himmel, und Gott, Ihr wisst doch alles über uns. Wenn etwas nicht so läuft, dann sagt Mami immer, Gott weiß es und er wird es schon richten.

Nun liebes Christkind, wenn Ihr doch alles wisst, warum tut Ihr dann nichts und lasst meine Mutter und mich unglücklich sein?

Ich weiß, sie hat schon oft einen Mann haben können, aber der wollte mich nicht. Immer wollte er nur sie alleine. Aber meine Mutter sagt immer, sie gäbe es nur mit mir. Sie ist doch so lieb. Sie gibt mir alles, was sie geben kann, dabei hätte sie es ohne mich viel leichter. Aber ohne mich wäre sie bestimmt unglücklicher als jetzt schon.

Jetzt möchte ich ihr mal ein Geschenk machen, aber ich bin halt noch zu klein, alleine schaffe ich es nicht. Aber es ist ja bald wieder Weihnachten, und bald bringst Du wieder Deine Geschenke, hast uns auch noch nie vergessen. Ich weiß ja, vielleicht ist es zu viel verlangt, aber wen soll ich denn sonst bitten? Bitte, bitte, liebes Christkind. Du bist meine letzte Hoffnung, ich vertraue Dir, und glaube mir, Du würdest uns beiden das schönste Weihnachten bescheren.

Meinst Du, liebes Christkind, Du schaffst es noch bis Weihnachten?

Ich hoffe auf Dich,
Deine kleine Regine.

Sie schaut sich ihren Brief nochmals an, Mutti wäre stolz auf sie, so schön, wie sie ihn geschrieben hat. Bevor sie ihn in ein Kuvert steckt, macht sie ganz fest die Augen zu, denkt ganz fest an ihren Wunsch und küsst ihn nochmals, wobei ein paar Tränen auf das Briefpapier fallen, bevor sie das Kuvert mit dem Brief schließt.

Auf das Kuvert schreibt sie nur: *An das Christkind, Himmelsreich.*

„Mutti, ich fahr noch schnell mit dem Fahrrad weg, bin gleich wieder hier", begründet sie ihrer Mutter gegenüber den Weg zum Briefkasten.

„Ja, ist schon gut, mein Schatz, aber passe auf dich auf, damit nichts passiert", ermahnt Sonja ihre Tochter.

Heimlich versteckt sie den Brief unter ihrer Jacke und fährt los. Am Briefkasten angekommen, bemerkt sie, dass die Briefmarke fehlt und sie auch keine zur Hand hat. Sie hat noch einen Stift eingesteckt, mit diesem schreibt sie oben drauf: *Lebensnotwendige Bestellung für das Christkind!* – und denkt sich, das müsste reichen.

Eines Tages, die Wintersonne scheint in die Boutique von Sonja, steht wie ein Schatten ein Mensch in der Tür. Wie meist, so ist auch an diesem Tag Sonja alleine in ihrem Laden und sortiert in den Regalen ihre Waren. Sie bemerkt den Kunden nicht sofort, erst als eine sympathische Männerstimme fragt: „Entschuldigung, haben Sie auch etwas für Männer in Ihrer Boutique?"

Etwas unvorbereitet erschrickt Sonja erst und antwortet:

„Ja, aber sicher, was suchen Sie denn?"

Während sich Sonja vom Regal wegdreht und auf diese Stimme zugeht, kommt der Mann aus der Türöffnung ihr entgegen und antwortet:

„Ich hätte gerne etwas Schickes für das Theater."

Dabei schauen sich Sonja und der Kunde tief in die Augen. Für einen Moment bringt Sonja keinen Ton heraus, sucht nach Worten, stottert dann:

„Ja, Ja, ich glaube schon, dass ich da etwas für Sie habe."

Sonja dreht sich um zu einem Regal und spürt, wie sie etwas rot anläuft, spürt aber auch den Glanz in ihren blauen Augen. Es ist ihr unangenehm, sie wühlt deshalb unbegründet in ihren Hemden herum, während der Mann hinter ihr steht. Wenn sie sich jetzt umdrehen würde, was er von ihr denken könnte, denkt sie sich.

„Ich kann mich nicht entscheiden, was zu mir passt, können Sie mir etwas empfehlen?",

stört der männliche Kunde ihr Wühlen.

„Aber ja, doch",

kommt es mit leiser Stimme zurück.

Mit einem verstohlenen Blick schaut sie sich kurz um und mustert ihn ein wenig. Sie denkt, mit wem der wohl ins Theater geht, und will die Frage gleich beantwortet wissen.

„Was zieht denn Ihre Partnerin an? Dann könnten wir es darauf abstimmen."

„Ich weiß es nicht, weiß es wirklich nicht", bekommt sie zur Antwort.

Klar, denkt sie sich, so ein Mann geht nicht alleine ins Theater, welche Frau würde sich an seiner Seite nicht wohlfühlen. Seine Augen sagen schon so viel. Und so geht sie nochmals alle Hemden durch, nur damit sie sich nicht umdrehen muss.

Und der Kunde schaut Sonja über die Schultern, mustert ihr schönes dunkelblondes Haar an und sagt dann zu Sonja:

„Was würden Sie ins Theater anziehen? Sagen Sie, ist nicht gleich Mittagspause? Vielleicht könnten wir da drüben in dem kleinen Bistro einen Kaffee trinken, ich lade Sie gerne dazu ein und im Anschluss finden wir sicher etwas Passendes?"

„Ja, eine Pause könnte ich schon gebrauchen", nimmt Sonja die Einladung an.

Sie lässt alles liegen und verlässt mit dem Gast die Boutique, schließt hinter sich zu und folgt ihm in das kleine Bistro gegenüber. In einer kleinen Ecke finden sie einen ruhigen Platz, an dem sie sich niederlassen.

Richtig wohl fühlt sie sich nicht, aber sonst leistet sie sich diesen Gang nicht, und es ist ein öffentliches Lokal. Sie ist zu nichts verpflichtet, denkt sie sich, und bestellt beim Kellner einen Milchkaffee.

„Wo kommen Sie her, ich habe Sie noch nie in der Stadt gesehen, wie sind Sie denn gerade auf meine Boutique gestoßen?",
fragt Sonja etwas neugierig ihren Gastgeber.

Nachdem sich dieser seinen Cappuccino bestellt und den Blick wieder zu ihr gerichtet hat, antwortet er: „Übrigens, ich heiße Paul, Paul Neumann, und bin schon sehr lange in dieser Stadt ansässig. Ich bin freier Journalist von Beruf, deshalb auch viel unterwegs. Wie ich auf Ihre Boutique aufmerksam wurde? Ich weiß es wirklich nicht, aber kennen Sie das nicht auch, da geht man einen Weg und weiß genau, dass es das Schicksal gut mit einem meint und einen nicht enttäuscht? Nun, und so kam ich wohl in Ihre Boutique, vom Schicksal empfohlen."

„Sehr angenehm, ich heiße Sonja, Sonja Borcher. Journalist sind Sie, und da waren Sie noch nie in einem Theater und wissen nicht, was man dazu anzieht? Warum geht nicht Ihre Partnerin mit Ihnen einkaufen und sucht das Passende für Sie aus?",

will Sonja wissen und schaut ihn etwas nachdenklich und fragend an.

Während Paul in seinen Cappuccino etwas Zucker gibt und umrührt, erzählt er, seinen Blick auf die Tasse gerichtet, die Geschichte, wie er zu dieser Theatereinladung kam:

„Wissen Sie, Sonja, ich darf Sie doch so nennen, Theater ist nicht mein Fachgebiet. Nun ist ein guter Freund von mir mit seiner Gattin auf Besuch, die beiden sind Theaterfreunde. Daher dieser Theaterbesuch morgen. Und was eine Partnerin angeht, so muss ich Sie enttäuschen, die gibt es nicht in meinem Leben, zumindest nicht mehr. Ich lebe inzwischen seit vielen Jahren alleine."

Er blickt wieder auf, schaut Sonja in ihre blauen Augen, merkt, wie diese sich verändern. Dieses Gefühl verspürt auch sie, und dass wieder ihr Gesicht sich zu röten beginnt, ihre Augen ein Strahlen bekommen und fängt wieder an sich fast zu schämen. Einer Frau um die vierzig darf so etwas doch nicht mehr passieren. Und so fällt ihr Blick weg von Paul auf ihren Milchkaffee, den sie fest in ihren Händen hält.

Dann fährt Paul weiter fort:

„Ich denke, ich werde einen dunklen Anzug anziehen, dazu ein weißes Hemd mit Fliege, was meinen Sie dazu, Sonja?"

Sonja hält sich weiter an ihrem Milchkaffee fest.

„Ich denke, da wird sich etwas finden, allerdings würde Ihnen ein Smoking ganz gut stehen. Haben Sie so etwas?"

„Smoking, hm, müsst ich mir leihen, habe so etwas bisher noch nie gebraucht",

überlegt Paul laut.

Sonja schaut auf die Uhr.

„Na denn, dann wollen wir mal sehen, was ich für Sie finden kann. Ich muss zurück in meinen Laden, kann ihn nicht so lange alleine lassen, und meine Tochter wird auch bald von der Schule kommen, sie macht immer hier ihre Hausaufgaben",

antwortet Sonja aufgeregt und denkt dabei: So, jetzt weiß er auch gleich, dass ich eine Tochter habe. Dann trinkt sie ihren Milchkaffee aus, der Gastgeber seinen Cappuccino. Er bezahlt, sie stehen auf und gehen zurück zur Boutique.

„Eine Tochter haben Sie, wie schön, sicherlich sind Sie auch glücklich verheiratet. Das ist mir leider nie vergönnt gewesen",

versucht Paul Neumann das Gespräch auf dem Weg weiterzuführen.

„Ja, wir sind glücklich, auch ohne verheiratet zu sein, und ohne Mann",

erwidert sie etwas nervös.

In der Boutique angekommen, öffnet sie schnell die Ladentür. Sonja will schnell machen, den Kunden wieder weghaben, denn gleich könnte ihre kleine Regine von der Schule kommen. Und sie sollte sie nicht so leicht errötet sehen.

Aber wie Sonja gerade ein passendes weißes Hemd mit Stehkragen, dazu die passende Fliege auf den Ladentisch legt, kommt ihre Tochter zur Tür herein.

„Hallo Mama, da bin ich",

begrüßt sie ihre Mutter, läuft direkt auf sie zu und gibt ihr einen Kuss. Dann bemerkt sie den Herrn, und wortgewandt wie sie ist, fragt sie auch gleich: „Hat Sie das Christkind geschickt?"

Sowohl Herr Neumann wie auch ihre Mutter stehen etwas verdutzt da und schauen die Kleine an.

„Wie kommst du denn auf so was?",

fragt ihre Mutter sie.

„Das ist ein Geheimnis zwischen dem Christkind und mir, und Geheimnisse und Wünsche soll man doch nicht verraten, das hast du mir doch einmal gesagt!",

antwortet Regine sofort darauf.

Daraufhin lachen alle drei, Paul Neumann und Sonja etwas verlegen.

„Entschuldigen Sie, meine Tochter ist immer mal etwas geradeheraus, ich weiß nicht, von wem sie das hat, von mir sicher nicht, vielleicht von ihrem Vater",

entschuldigt sich Sonja für diese Frage und wird gleich wieder geschäftlich.

„Ich denke, das Hemd würde gut zu einem Smoking passen, dazu würde ich diese

Fliege empfehlen. Mit einem Smoking kann ich Ihnen allerdings nicht dienen. Aber Sie können so etwas hier um die Ecke bekommen, da ist ein Kostümverleih, die haben sicher etwas Passendes. Soll ich Ihnen dies einpacken?"

„Ja bitte, packen Sie es ein, wenn Sie es sagen, dann passt es sicher",

fordert er Sonja auf und streckt ihr seine Kreditkarte samt Visitenkarte hin.

„Tut mir leid, aber diese Art Karten kann ich nicht nehmen. Können Sie nicht bar bezahlen?",

entgegnet Sonja.

„Nein, ich habe fast nie viel Bargeld bei mir, da ich ja immer umherreise, bin ich da etwas vorsichtig. Aber ich kann ja erst den Smoking holen, dabei dann bei der Bank Geld abheben und gleich wieder zurückkommen. Würden Sie mir dies so lange auf die Seite legen?"

„Ja, alles klar, machen Sie das, ich habe bis 18 Uhr geöffnet",

antwortet Sonja darauf.

Der Herr bedankt sich und verlässt den Laden. Sonja und Regine schauen ihm hinterher, wohl mit dem gleichen Gedanken.

„So, meine Dame, was sollte das mit dem Christkind? Wie kommst du denn darauf? Weihnachten ist erst in einer Woche, und das Christkind bringt zwar viele Geschenke, aber keine Männer. Und jetzt Marsch nach hinten, Hausaufgaben machen",

überspielt Sonja diese Gedanken ihrer Tochter und will nicht wirklich eine Antwort von ihr.

Regine lächelt sie nur an, nimmt ihren Ranzen und geht nach hinten, dreht sich noch einmal kurz um und lächelt:

„Mama, ich hab dich lieb, sehr lieb. Aber wer weiß schon, was das Christkind nicht alles kann."

Ihre Mutter lächelt zurück und denkt sich, na ja, wo sie recht hat, kann sie ja recht haben. Aber so ein Mann, nein, der will keine kleine arme Boutiquebesitzerin, die zudem noch ein Kind hat.

Inzwischen hat es leicht zu schneien begonnen, und es ist nur noch eine halbe Stunde vor Ladenschluss. Sonja sieht dieses Päckchen, schaut auf die Uhr und denkt sich: Na ja, er hat wohl woanders was Perfektes gefunden. Sie will es fast schon wegräumen, da geht die Ladentür auf und Herr Neumann, etwas eingeschneit, kommt zur Tür herein.

„Danke für den Tipp, es hat etwas länger gedauert, aber ich habe einen Smoking und hier etwas für Sie."

Er nimmt seinen Arm nach vorne und überreicht Sonja einen wunderschönen Blumenstrauß.

„Nein, das muss wirklich nicht sein. Sie sind ein Kunde wie jeder andere auch, und ich bediene und berate jeden Kunden gleich. Ich denke, Sie suchen sich eine passende Begleiterin für Ihren Theaterbesuch und schenken Ihr diesen Strauß Blumen",

will Sonja ablehnen und energisch ablenken.

„In Ordnung. Dann können Sie mir vielleicht auch empfehlen, was meine Begleitung Passendes anziehen sollte, damit sie neben mir glänzen kann", erwidert Herr Neumann diesen Korb mit einer lächelnden Miene.

Sonja ist das Lächeln etwas vergangen. Aber sie empfiehlt ein schönes langes Abendkleid in dezenter heller Farbe.

„Wenn Sie so etwas auch haben, würden Sie es dann bitte herrichten. Ich werde dann morgen nochmals des Weges kommen. Und von der Größe her, ja ich denke, wenn es Ihnen passt und steht, dann ganz sicher auch meiner Begleitung",

gibt Herr Neumann seine Bestellung auf. Wieder mit einem zarten Lächeln in seinen Mundwinkeln und einem strahlenden Blick.

„Die Blumen, nein, ich möchte sie nicht mehr in die Kälte mit rausnehmen, würden Sie diesen Strauß bitte auch bis morgen hier aufbewahren, wenn ich das Kleid mit meiner Begleiterin abhole, dann kann ich ihr ja den Strauß direkt überreichen. Ich werde dafür dann auch in bar bezahlen",

fährt Paul Neumann fort und verabschiedet sich gleichzeitig mit diesen Worten.

Sonja läuft es heiß und kalt den Rücken herunter. Ihre Augen haben jedes Strahlen verloren, sind klein geworden, ihre Hände zittern. Sie weiß nicht, soll sie auf ihn wütend sein oder auf sich selber. Wer hat ihr denn schon mal einen Blumenstrauß geschenkt, einfach so? Aber wer weiß, denkt sie, auch einer dieser Herren, von denen ich eh die Nase voll habe. Nein, der soll sich mitnehmen, wen er will.

Dann schließt sie die Ladentür zu und schaut nach einer passenden Theatergarderobe für diese Begleitung, auch noch in ihrer Größe. Zwar etwas lustlos, aber sie hat ja eine Boutique und der Kunde ist König. Und vielleicht würde sie ja auch eine neue Kundin dadurch gewinnen. Es wäre ja auch eine gute Werbung für sie, denkt sie sich. Und so findet sie zugleich ein wunderschönes langes Kleid, pastellfarbig. Sonja nimmt es von der Stange und vom Kleiderbügel und probiert es an. Passt wie angegossen, denkt sie, na ja, dann würde ebenso die Begleitung von Herrn Neumann darin gut aussehen.

In diesem Moment, als sie gerade vor dem Spiegel steht, taucht ihre Tochter Regine auf und bewundert ihre Mama.

„Mama, du siehst so wunderschön darin aus. Gehst du damit mit dem Herrn von heute aus? Ihr würdet bestimmt gut zueinanderpassen, mir gefällt er", bewundert sie ihre Mutter.

„Nein, es ist nicht für mich, es ist für eine andere Frau, die er mit ins Theater nimmt."

Damit lässt es Sonja gut sein, zieht das Kleid wieder aus und hängt es auf einen Bügel an eine Stange für reservierte Kleider.

Am folgenden Tag steht Sonja schon wieder früh in ihrem Ladengeschäft. Sie konnte die Nacht über nicht sonderlich gut schlafen, so vieles ging ihr durch den Kopf. Aber sie ist sich dessen bewusst, alles soll einfach so sein und sie hat wieder einmal das Nachsehen. In ihren Gedanken beruhigt sie sich, dass Herr Neumann auch bestimmt keine Siebenjährige im Gespann möchte. Er ist ein reisender freier Journalist und braucht eine Frau an seiner Seite, die für ihn frei ist.

„Alles ist gut so",

flüstert sie leise vor sich hin.

Der Tag verläuft wieder einmal recht ruhig. Das erwünschte Weihnachtsgeschäft läuft nicht so, wie sie es sich vorgestellt hatte. Sie überlegt, ob sie nicht für die letzten Tage die Preise reduzieren sollte. Der Winter, der bisher noch kein richtiger war, scheint sich nun doch eingestellt zu haben. Es schneit so leise vor sich hin. Etwas dahinträumend steht sie hinter ihrer Ladentheke und schaut den Schneeflocken zu, wie sie langsam auf die Erde fallen. Sie denkt an Weihnachten, das vor der Tür steht und an das Jahr, das zurückliegt und in dem wieder nichts Großartiges geschehen ist. Wenn sie ihren Umsatzbericht wieder machen würde, ja, da würde nicht viel übrig bleiben. Wenn sich dann das Finanzamt noch meldete, da würde es an Weihnachten für Regine wieder nur eine Kleinigkeit geben. Und der neue Christbaumschmuck, nein, der müsse nochmals ein Jahr warten. Wieder einmal, wie schon so oft, denkt sie darüber nach, den Laden einfach aufzugeben, sich etwas anderes zu suchen, vielleicht einfach in einer Boutique als Verkäuferin zu arbeiten. Auf der anderen Seite hängt sie an der Boutique und erhofft sich einfach eine bessere Zeit.

Und wie sie so dahinsinniert, mit etwas trauriger Miene, geht die Ladentür auf. Es ist schon Mittag und es ist das erste Mal an diesem Tag. Ein älteres Ehepaar betritt den Laden.

„Guten Tag!",

wird sie schon begrüßt, bevor sie ihre Begrüßungsformel spricht.

„Paul Neumann hat uns Ihre Boutique empfohlen, wir sind bei ihm zu Besuch und wir wollen heute Abend mit ihm ins Theater gehen. Aber meine Frau hat dann doch festgestellt, sie hat nicht die richtige Theatergarderobe dabei. Was können Sie meiner Frau denn empfehlen? Der Preis spielt dabei keine Rolle."

„Ja, sicherlich kann ich Ihnen in jeder Preisklasse etwas anbieten. Herr Neumann wollte auch noch vorbeikommen und das Theaterkleid für seine Begleiterin abholen. Wissen Sie denn, wann er kommt?",

möchte Sonja ihre Neugier etwas befriedigen. Denn sie kommt von diesem Mann irgendwie mit ihren Gedanken nicht mehr los.

„Nun, er hat schon erzählt, was für eine reizende Frau er kennengelernt hat. Und wie er von ihr geschwärmt hat, wir sind auch neugierig. Aber sicherlich wird er nicht mehr lange auf sich warten lassen."

Sonja spürt in sich etwas Unbeschreibliches, zwischen Frust, Wut und Traurigkeit. Warum hatte sie den Strauß nicht angenommen. Ja, vielleicht hätte er sich ja auch für sie entschieden. Aber nun geht das Geschäft vor, keine Gefühlsduseleien mehr.

„Kommen Sie doch, gnädige Frau, hier habe ich eine Auswahl, die Ihnen ganz sicher stehen würde. Und Sie haben ja auch eine fantastische Figur, gut würden sie darin aussehen",

wendet sie sich der Frau zu. Diese blickt mit einem Lächeln zu ihrem Mann hin und meint nur:

„Siehst du, Heinzimann, die Frau hat einen Blick, auch was Figuren angeht."

Dann schaut sie sich die Kleider an und zieht eines heraus. Ihr Mann schaut einfach verlegen auf die Seite.

„Oh, schau mal, Heinzimann, ist das nicht herrlich. Soll ich es mal anprobieren?"

Mit großer Begeisterung für das Kleid dreht sie sich zu ihrem Mann um.

„Liebes, für dich und deine Schönheit ist mir doch nichts zu teuer, das weißt du doch",

gibt er freie Bahn.

Sonja zuckt ein wenig, das Kleid kostet zweitausend Euro. Klar wäre es schön, wenn sie es verkaufen könnte. Hier in der Stadt würde niemand so viel Geld dafür ausgeben. Schon gar nicht bei ihr. Ob dem Herrn die Schönheit seiner Frau auch dies wert wäre?

Inzwischen ist die feine Dame in der Umkleidekabine verschwunden. Man hört von ihr nur das Rascheln der Kleidung und so manche Töne der Bewunderung für das Theaterkleid. Dann endlich kommt sie heraus.

„Junge Frau, machen Sie mir hinten doch bitte mal den Reißverschluss zu", fordert sie Sonja auf, die dem gerne nachkommt.

„Schau mal, Heinzimann, ist das nicht ein Traum von einem Kleid? Das muss ich haben."

Die gnädige Frau dreht sich und ihr Mann bewundert sie. Ja, es scheint auch ihm zu gefallen.

„Wie du willst, Mausi, dann nehmen wir es. Junge Frau, packen Sie es uns ein. Herr Neumann erzählte schon, dass Sie keine exotischen Kreditkarten annehmen können, deshalb zahle ich es auch in bar. Was kostet es denn?"

Sonja traut es sich gar nicht wirklich sagen, aber sie wollen es haben und der Preis spielt keine Rolle, gut, denkt sie.

„Aber sehr gerne, der Herr, wenn Sie dann bitte an die Kasse kommen würden. In der Zwischenzeit kann sich Ihre Gattin wieder umziehen", fordert Sonja den Herrn auf.

„Das macht dann zweitausend Euro", nennt Sonja selbstsicher den Rechnungsbetrag.

Der Herr zieht ohne mit der Wimper zu zucken seine Brieftasche heraus und blättert Sonja zweitausendzweihundert Euro auf den Ladentisch. Sonja hat mitgezählt und berichtigt die Summe

„Es macht nur zweitausend, Sie haben zweihundert Euro zu viel hingelegt."

„Nein, nein, das passt so schon, junge Frau. Wissen Sie, meine Frau ist in aller Regel eine sehr schwierige Kundin. Bevor sie ein Kleid kauft, da vergehen ein halber Tag und zehn Boutiquenbesuche. Sie sind eine exzellente Beraterin, das ist mir die zweihundert Euro wert", begründet der Herr dieses Trinkgeld.

Irgendwie ist Sonja schon neugierig und will wissen, was dieses wohl doch sehr vermögende Paar mit dem freien Journalisten zu tun hat.

„Sagen Sie mal, Herr, wie war doch gleich noch Ihr Name?"

„Hintze, Heinz Hintze."

„Ja, Herr Hintze, wie haben Sie denn Herrn Neumann kennengelernt?", will Sonja wissen.

„Nun, junge Frau, Sonja ist Ihr Name, nicht wahr? Dies ist eine sehr lange Geschichte. Sie hat sich vor rund sieben Jahren zugetragen. Wir haben uns unter sehr komplizierten Umständen kennengelernt. Aber um es einfach abzukürzen, ich verdanke diesem Herrn mein Leben. Es war im Urlaub, ich drohte zu ertrinken, er zog mich aus den Fluten des Meeres und mit seiner letzten Kraft an Land. Dann brach er zusammen. Ich hätte wohl nie meinem Lebensretter danken können, doch wir kamen in die gleiche Klinik und lagen in der Intensivstation Bett an Bett. Die Ärzte berichteten mir, er habe mir das Leben gerettet und nun würde er selbst mit dem Tod kämpfen."

Sonja steht etwas blass da und vernimmt seine Worte gerührt und mitfühlend.

„Wissen Sie, Sonja",

fährt er fort,

„wir haben sicher nicht sehr viel Gemeinsamkeiten, ja sind sogar sehr gegensätzlich, leben in anderen Welten, aber er ist mein Lebensretter, war mein Schutzengel in der Not und dies zählt mehr als Stand, Macht und Geld. Ich habe mir ein kleines Imperium aufgebaut, kann mir jeden Wunsch erfüllen, und auch jeden, den meine Frau hat. Aber es muss ein anderer kommen, der mir das Leben rettet und zurückgibt. Dies ist mit Geld unbezahlbar. So wie auch Ihre Freundlichkeit, Ihre Ausstrahlung, die sogar meine Frau so verwandelt hat, dass ihr auf Anhieb ein Kleid gefällt. Das kann man zwar nicht mit zweihundert Euro bezahlen, aber es soll eine Anerkennung sein."

Sonja ist ganz still und schaut den Herrn Hintze nur an und dankt irgendwie Gott dafür, dass es auch noch solche Menschen gibt, und dies gerade kurz vor Weihnachten. Denn dieses Geld kann sie gut für Regines Weihnachtsgeschenk gebrauchen. Dann wendet sie sich wieder Herrn Hintze zu.

„Das kann ich gut nachvollziehen. Menschen legen viel Wert auf Macht und Geld, vergessen dabei allerdings, dass man sich damit zwar zufriedenstellen, aber nicht immer glücklich machen kann. Es ist das Herz eines Menschen wertvoller als ein dickes Bankkonto."

Beider Blicke sind nachdenklich, und der Herr nickt nur dabei. Etwas verschmitzt fügt er hinzu:

„Tja, und meine Frau profitiert zweimal. Zum einen für meine erlangte Großzügigkeit ihrer Wünsche gegenüber und auch von mir, als Mensch, der ich ein anderer wurde",

schmunzelt er und schaut sie mit ganz verliebten Augen an. Sie schaut genauso zurück, stupst ihn an und meint nur darauf:

„Ich liebe dich seit nahezu vierzig Jahren, mit und ohne Großzügigkeit, mit all deinen wandelnden Facetten. Sonst hätte ich dich schon vor dreißig Jahren verlassen müssen."

Sie nimmt ihn in den Arm und gibt ihm einen Kuss auf den Mund.

„So, jetzt genug geredet, wir können der jungen Frau nicht die ganze Zeit stehlen. Die hat noch anderes zu tun. Nimm dein Kleid, willst ja noch zum Friseur für heute Abend."

Dann wendet er sich Sonja zu:

„In wenigen Tagen ist ja Weihnachten, wir werden bald wieder abreisen, es war eine wundervolle Begegnung, die wir zu schätzen wissen. Wir wünschen Ihnen ein frohes Fest, der Himmel wird Ihre warme Seele belohnen. Manchmal braucht es nur ein wenig Zeit."

Er gibt ihr mit einem Lächeln die Hand, ebenso Frau Hintze. Gemeinsam gehen sie zur Tür hinaus.

Sonja schaut den beiden nach, denkt sich, was für ein Traumpaar, was für liebenswerte und zugleich dankbare Menschen. Dann blickt sie etwas neidisch auf dieses Abendkleid, es sollte ja auch noch abgeholt werden, von diesem warmherzigen Paul Neumann. Ob er es wohl vergessen hat? Ob ihm wohl seine charmante Partnerin einen Korb erteilt hat? Die Blumen stehen auch noch da, sie sollten auch frisch sein, wenn sie verschenkt werden. Aber er wird schon noch kommen, wohl wieder kurz vor Ladenschluss. Sie weiß nicht recht, soll sie das Paket fertig machen oder nicht.

Kurz vor Ladenschluss kommt noch eine Kundin ins Geschäft, geht sofort auf Sonja zu und spricht sie direkt an: „Herr

Neumann hat hier ein Kleid hinterlegen lassen. Ich soll es abholen."

Sonja stutzt etwas, das ist nicht ihre Größe, aber gut, denkt sie sich, ihr soll es ja egal sein, holt es hervor und legt es ihr auf den Ladentisch, dazu den Blumenstrauß.

„Hier, dieser Strauß, gehört er auch zum Kleid, hat den Herr Neumann auch vergessen?", erwidert sie etwas ärgerlich darauf.

„Hat er Ihnen auch Geld mitgegeben? Ohne Barzahlung kann ich Ihnen das Kleid leider nicht aushändigen."

Dann zieht diese junge Dame, nicht älter als fünfundzwanzig, ein Kuvert heraus und gibt es Sonja.

„Das soll ich Ihnen geben, da sei alles drin, mehr hat man mir nicht gesagt."

Sonja macht das Kuvert auf und will sehen, was drin ist, ob das Geld auch wirklich reicht. Sie zieht einige Hunderteuroscheine heraus, die sie dann nacheinander hinzählt.

„Das sind ja zweitausend Euro, das ist zu viel", erklärt sie der jungen Dame.

„Das würde so passen, sagte Herr Hintze", erwidert diese darauf.

„Wieso Herr Hintze, ich denke, das Kleid soll für Herrn Neumann sein?", will Sonja Aufklärung.

„Ich glaube, das ist eine etwas schwierige Geschichte, die ich nicht beantworten kann. Herr Hintze gab mir nur den Auftrag und dieses Kuvert. Und er sagte, der Betrag für das Kleid sei da drin und dass es so passen würde. Ich habe dafür einen Hunderter bekommen",

erklärt die Abholerin.

„Na gut, egal, wird schon seine Richtigkeit haben. Hier haben Sie das Kleid, für wen es auch immer sei, von Herrn Neumann ausgesucht, in dieser Größe, hier bitte."

Sonja übergibt der Dame das Kleid samt Blumenstrauß und geht zur Tür, um diese zu öffnen.

„Grüßen Sie Herrn Neumann und Herrn Hintze, ich wünsche den vieren einen schönen Theaterabend", verabschiedet sie die Dame.

„Danke, werde ich ausrichten, tschüs und schöne Weihnachten",

gibt diese zurück.

Sonja schließt hinter sich die Tür und dreht den Schlüssel herum. Dann schnauft sie erst mal richtig durch und streift mit ihren Händen über ihr Haar. Sie bleibt noch einen Moment kopfschüttelnd stehen und geht dann zurück hinter die Theke. Als sie das Kuvert nochmals öffnet, entdeckt sie einen Brief darin. Sie zieht ihn heraus und fängt zu lesen an.

Verehrte Sonja,

entschuldigen Sie Herrn Neumann, er konnte nicht mehr kommen, ist Hals über Kopf abgereist. Ob Sie es verstehen werden oder nicht, aber er konnte nicht anders, Sie haben ihn wohl nicht wiedererkannt, er allerdings Sie.

Denken Sie mal sieben Jahre zurück. Da war damals ein junger Mann, er hatte ganz lange Haare, einen ungepflegten und doch anziehenden Bart. Es war wohl schon etwas spät, als er in die Hotelbar kam, in der auch Sie saßen. Sie haben beide noch etwas in dieser schummrigen Bar getrunken, waren lustig und haben getanzt. Sie sind sich näher gekommen und als die Bar schloss, gingen Sie beide auf Ihr Zimmer, feierten mit einer Flasche Sekt weiter.

Was dann geschah, das brauche ich nicht zu erörtern. Am Morgen, als Sie aufgewacht waren, da lagen Sie wohl alleine im Bett. Denn Ihr nächtlicher Begleiter war plötzlich verschwunden. Er wollte dies ja nicht wirklich, denn jeden Morgen zu früher Stunde ging er immer hinaus an den Strand zum Schwimmen. Danach wollte er Sie dann zum Frühstück einladen. Genau zu der Zeit war auch ich schwimmen. Weiß nicht, wie es kam, hatte davor etwas zu viel getrunken, wollte mich einfach da draußen am Strand frisch machen. Das war genau im gleichen Moment, ich hatte mich etwas überschätzt, verlor alle meine Kondition und drohte unterzugehen. Das bemerkte Herr Neumann, Sie erinnern sich, ich habe Ihnen erzählt davon. Die weitere Geschichte kennen Sie auch von mir.

Nun werden Sie sich fragen, warum er jetzt verschwand. Ich hatte ihn auch danach gefragt. Er hatte wohl diese Nacht nie vergessen, er hat Sie wiedererkannt und sah auch Ihre Tochter. Nachdem Sie ihm für die Einladung ins Theater einen Korb verpasst haben, wollte er es nicht wirklich gut sein lassen, er bestellte das Kleid in Ihrer Größe, weil er hoffte, Sie würden es sich nochmals überlegen. Doch da Sie nicht mal seinen Blumenstrauß angenommen haben, *kam ihm der Gedanke, dass Sie ihn nicht wiedererkannt und diese eine Nacht längst vergessen haben. Zudem wollte er Ihrem Glück nicht im Wege stehen. Denn wenn Sie eine Tochter haben, dann würden Sie bestimmt auch eine Beziehung führen, die er auf keinen Fall stören wollte.*

Das Kleid passt sicherlich sehr gut unserer Tochter, ich sagte Ihnen ja schon, Sie haben Geschmack. Es sollte eine so schöne Frau wie Sie tragen, und das ist unsere Tochter.

Tragen Sie es Herrn Neumann nicht nach.

Nochmals wunderschöne Weihnachten und ich wünsche Ihnen alles Glück dieser Welt, Sie haben es verdient, übrigens auch Paul Neumann.

Mit herzlicher Hochachtung,
Ihr Heinz Hintze

Sonja stehen die Tränen in den Augen. Nein, sie hatte ihn nicht wiedererkannt, er hatte sich doch etwas verändert, zu seinem Vorteil, ohne jede Frage. Sie hält den Brief in ihrer Hand und schaut immer wieder darauf, wischt sich die Tränen ab und ist irgendwie gedankenverloren und handlungsunfähig. Was sollte sie jetzt tun? Sollte sie hinterherlaufen, sollte sie den Sachverhalt aufklären, dass er ja Regines Vater ist? Warum hat er nicht den Mut gehabt etwas zu sagen? So viele Fragen, keine Antworten darauf. Nun denkt sie sich, weg ist weg, zum zweiten Mal weg. Wenn er immer vor ihr davonläuft, dann soll er es tun, dann hat er keinen Mut, so einen Mann kann sie nicht gebrauchen. Er hätte ja nur etwas sagen oder fragen müssen, dann hätte sich alles geklärt. Ja, sie hätte ihn vielleicht auch erkennen können, aber wie denn, nach der langen Zeit und mit dem veränderten Aussehen? Ja, an seinen Augen vielleicht, die sie so an ihm bewundert hatte. Aber sie waren ja beide etwas angetrunken gewesen, es war schummriges Licht gewesen, sie hatten sich viel geküsst, und wie sollte sie denn wissen, dass er ausgerechnet mal hier auftauchen würde? Sie stellt sich tausend Fragen auf einmal, weiß aber auf keine eine Antwort. Nein, nachfahren wird sie ihm nicht, es steht Weihnachten vor der Tür, und sie muss ja noch Regines Weihnachtsgeschenk besorgen, der Weihnachtsbaum muss noch geschmückt werden, es sind noch so viele Sachen zu erledigen, nein, das geht auf gar keinen Fall. Entweder er hat eben den Mut und kommt nochmals zurück oder er soll dort bleiben, wo der Pfeffer wächst. Regine muss ja ihren Vater nicht unbedingt kennenlernen. Und kennen, na ja, das tut sie ihn ja auch nicht wirklich. Also, abgehakt.

Es ist ein Tag vor Heiligabend. Alle Besorgungen sind gemacht und es ist Sonntag. Sonja kann sich jetzt mit Regine so langsam entspannen und auf den Weihnachtsabend vorbereiten. Wie immer steht der Christbaum, genau nach dem Mond geschlagen, bereit. Es hat ein wenig getaut, da kommt nicht wirklich diese tolle Stimmung als wenn es weiß wäre. Weihnachtsstimmung? Nein, die hat Sonja wirklich nicht. Sie denkt immer noch an diesen Neumann, einmal versetzt, damals im Urlaub, da hatte er wohl einen Grund gehabt. Immer wieder kommt es ihr hoch, hätte er gar nichts von ihr gewollt, hätte er gar nichts gesagt, dann wäre es leichter gewesen, aber so, jetzt mit dem Wissen? Damit kann Sonja nicht richtig umgehen.

Nein, nicht grübeln, denkt sie sich und holt vom Speicher die Weihnachtsdekoration für ihren Weihnachtsbaum. Dabei fällt ihr auf, dass Regine den ganz Vormittag gar nicht richtig zu sehen war. Oder hatte sie ihre Tochter vielleicht mit den vielen Gedanken nur nicht bemerkt? Egal, denkt sich Sonja und ruft nach ihr:

„Regine, Schatz, wo bist du denn? Komm, wir wollen den Weihnachtsbaum schmücken."

Mit leiser Stimme kommt die Antwort:

„Ja, Mama, ich komme."

Ganz langsam und mit ganz roten und verweinten Augen kommt Regine aus ihrem Zimmer.

„Was ist denn los, mein Schatz, hast du etwa geweint und warum denn?",

will Sonja von ihrer Tochter wissen und macht sich ein wenig Sorgen.

Regine reibt sich die restlichen Tränen von ihren Wangen und aus den Augen und meint nur:

„Ist schon gut, Mama, ich habe dich trotzdem lieb", und nimmt ihre Mutter in den Arm und drückt sie ganz fest.

„Dummerchen, was ist denn, warum solltest du mich denn nicht mehr lieb haben. Ich weiß es doch, dass du mich lieb hast",

tröstet sie ihre Mutter.

„Komm, Kleines, jetzt schmücken wir unseren Weihnachtsbaum ganz festlich, dann kann morgen das Christkind kommen. Ich glaube, du warst dieses Jahr besonders brav und das wird das Christkind sicherlich zu belohnen wissen",

versucht sie Regine etwas aufzuheitern.

Doch genau das Gegenteil tritt ein. Regine rollen noch mehr Tränen aus ihren dunklen Augen und über ihre Wangen.

„Aber, Mama, du warst doch auch brav, und warum bekommst du nicht das vom Christkind, was du dir wünschst? Ich habe es dem Christkind doch geschrieben, aber jetzt ist schon morgen Weihnachten, das wird sicherlich nichts mehr."

„Ach, Regine",

tröstet sie Sonja und nimmt sie ganz fest in den Arm.

„Weißt du, nicht alles klappt gerade zu Heiligabend, es kann auch ja später noch sein, ist einfach manchmal so. Was hast denn du für mich beim Christkind bestellt?"

„Das darf ich doch nicht sagen, sonst geht es ganz sicher nicht in Erfüllung, so ist es doch mit Geschenken, oder nicht? Und es soll ja auch eine Überraschung für dich sein",

antwortet Regine darauf etwas leise und verheult.

„Ach komm, jetzt mache dir erst mal keine Gedanken darüber, es wird schon noch kommen und gut gehen. Wir haben ja noch einige Stunden, bis das Christkind an unsere Tür klopfen wird", beruhigt sie ihre Mutter erneut.

„Komm, such dir die Kugeln aus, die du am Baum haben möchtest, dann hängen wir sie hin", muntert Sonja ihre Tochter nochmals auf.

Hinter ihnen und um den Baum herum stehen viele Kartons mit Kugeln in allen möglichen Farben. Überall schaut Regine hinein, kann sich nicht entscheiden, ist auch immer noch etwas lustlos. Doch dann trifft sie eine Entscheidung.

„Mama, was meinst du, sollen wir nicht dieses Jahr mal von allen welche nehmen? Vielleicht möchte es das Christkind auch einmal bunt",

fragt das Kind seine Mutter um Rat.

„Ganz wie du meinst, mein Schatz, du machst es bestimmt richtig",

bekräftigt Sonja sie in ihrem Vorhaben.

Und so sucht Regine Stück für Stück Weihnachtskugeln aus den Kartons, dreht sie, sortiert sie aus und hängt die einen an den Baum, die anderen legt sie wieder in den Karton zurück. Die Lichterkette hatte Sonja schon vorher angebracht. Mit Lametta wird gespart, die gibt es nicht mehr. Für Sonja sind dies Gegenstände, die vielleicht einen Baum etwas bunter machen, aber für sie bedeuten sie absoluten Überfluss und Verschwendung.

Regine überlegt lange, wo sie welche Kugel haben will und ihre Mutter schaut ihr zu, oder hilft ihr, wenn sie nicht nach oben hinreicht. Aber Regine sagt genau, wohin sie sie haben möchte.

„Meinst du denn, das Christkind kann wirklich alle Wünsche erfüllen?",

fragt sie dazwischen immer wieder ihre Mutter.

„Ich denke schon",

antwortet sie knapp und bündig.

Sonja will das Gespräch nicht in eine erneute Diskussion ausarten lassen. Was soll sie denn auch sagen, ihr den Glauben an das Christkind nehmen? Nein, das möchte sie auch nicht. Sie ist nur froh, wenn keine weiteren Fragen kommen. Im Moment ist eine ganz gute Stimmung im

Wohnzimmer, und diese soll auch so bleiben. Auch Sonja denkt nicht mehr an diesen Neumann und hat dieses Thema abgehakt, endgültig.

Im Hintergrund läuft leise eine besinnliche Weihnachtsmusik. Das Wetter hat umgeschlagen und durch das Fenster sieht man, wie langsam kleine Schneeflocken vom Himmel fallen. Sonja und Regine sitzen nun am Sofa, Sonja mit einem Glas Rotwein und Regine mit einem Glas Saft. Regine hat sich in die Arme ihrer Mutter gekuschelt und beide bestaunen sie ihren schönen Weihnachtsbaum, in einer wunderbaren weihnachtlichen Stimmung.

„Schau, Regine, es wird weiß, es wird doch noch ein schönes Weihnachtsfest, so richtig schön winterlich", muntert Sonja ihre immer noch etwas betrübte kleine Tochter auf.

Doch so richtig freuen, nein, das kann sich Regine auch an dem Schnee nicht, der leise vom Himmel fällt. Anstatt ihrer Mutter darauf zu antworten, nimmt sie diese ganz fest in den Arm und küsst sie auf die Wange. Sonja schmunzelt nur, und drückt sie auch ganz fest an sich und streichelt ihr über das Haar.

„Nicht traurig sein, Kleines, weißt du, im Leben hat man oft so viele Wünsche, Träume, aber es gehen eben nicht alle gleich in Erfüllung. Manchmal muss man einfach geduldig sein, manchmal braucht eben der eine oder andere Wunsch oder Traum etwas länger, als man es sich denkt. Auch wir Erwachsene haben unsere Wünsche und Träume, hoffen darauf, glauben daran, aber wenn die Zeit dafür reif ist, dann wird es wohl auch in Erfüllung gehen. Vielleicht ist dein Wunsch vom Christkind eben ein ganz besonderer und es braucht viel Zeit, um ihn dir zu erfüllen",

versucht Sonja ihrer Regine zu erklären, warum sie nicht traurig sein soll.

„Weißt du, liebe Regine",

fährt Sonja fort und streichelt ihr über das Haar,

„vor vielen Jahren, da war ich auch so klein wie du, vielleicht ein bisschen älter, da war ich auch immer sehr enttäuscht, wenn das Christkind mir nicht meine Wünsche erfüllt hat.

Ich kann mich da an ein Weihnachten erinnern, ich wollte unbedingt so eine Puppenküche, wie ich sie mal im Schaufenster gesehen habe. Ich wusste nicht, dass es ein Dekorationsstück war, aber ich habe sie mir gewünscht. Ich habe schon frühzeitig an das Christkind, so wie du, einen Brief geschrieben. Ich dachte, das kann ja nicht so schwer sein, diese aus dem Laden zu holen und mir zu bringen. Doch sie war bei der Bescherung nicht unter dem Weihnachtsbaum. Ich war richtig sauer, beleidigt, fing sogar zu weinen an und wollte die anderen schönen Geschenke gar nicht auspacken. Meine Oma nahm mich dann zu sich auf den Schoß und erzählte mir ein Gedicht. Es handelte von einem Labyrinth, von dem Weg zum Ziel. Ja, im Nachhinein habe ich es mir aufgeschrieben und immer wieder gelesen, denn man kann es in vielfacher Form interpretieren, kann es immer wieder und in allen täglichen Bereichen anwenden.“

Sonja nimmt ihre Tochter etwas zur Seite, geht zum Bücherregal und holt ein Buch heraus, schlägt es auf und nimmt ein Blatt heraus, legt das Buch wieder zurück und setzt sich zu Regine auf das Sofa. Dann faltet sie dieses Blatt auf und schaut es an.

„Erst dieser Tage ist wieder so viel geschehen. Als ich in der Boutique war, das Weihnachtsgeschäft nicht so gut lief. Dann plötzlich habe ich zwei tolle Kleider verkauft und dazu noch ein schönes Trinkgeld bekommen, da dachte ich wieder daran. Oft ist man dem Ziel ganz nah und kann ihm schon in die Augen sehen, und dann führt der Weg wieder weg. Lässt man sich aber nicht beirren, geht der Weg weiter, und irgendwann steht man mittendrin in diesem Labyrinth, hat das Ziel, hat die Mitte erreicht."

So wollte es Sonja mit ihren Worten erklären. Dann schaut sie das Blatt an und fängt zu lesen an:

Das Labyrinth

Wenn man sich mal so besinnt
Und sich vorstellt ein Labyrinth
Gehen die Wege ganz leis
Zur Mitte in einen Kreis.

Windungen sind da drin
Und man verliert erst mal den Sinn
Weil man schon die Mitte sieht
Und dann der Weg wieder nach außen
zieht.

Man denkt, man ist schon da
Weil man das Ziel schon sah
Und wie man dann so geht
Man wieder entfernter steht.

Doch geht man diesen Weg
Weiter im Kreis und nicht schräg
Direkt mit aller Ruh
Auf diese Mitte zu.

Dann plötzlich macht alles Sinn,
Man steht in ihm mitten drin,
Ja man ist am Ziel,
Ging den Weg mit viel Gefühl.

Sonja schaut noch ein wenig in dieses Gedicht hinein, wirkt auch ein wenig traurig dabei, denn ihre Gedanken gehen gerade wieder mal zu diesem Neumann spazieren. Irgendwie, denkt sie sich, gleicht das Ganze auch so einem Labyrinth. Waren sie sich doch so nah, gingen wieder weit auseinander, kamen sich, unbewusst für sie, wieder nahe und jetzt, wieder weg, weit weg. Nun gut, sie muss sich Regine mit einem freudigen Gesicht widmen und dreht sich wieder zu ihr herum.

„Weißt du jetzt, was ich meine, Liebes?",
fragt Sonja ihre Tochter.

„Nicht ganz. Muss ich das denn verstehen? Hast du es denn damals verstanden?",
will sie von ihrer Mutter wissen.

„Na ja, nicht wirklich. Es ist alles recht kompliziert, das ganze Leben. Du wirst es aber noch erfahren dürfen. Die schönen und nicht so tollen Seiten des Lebens",
antwortet Sonja darauf.

Es ist Heiligabend. Sonja hatte zwar ihr Geschäft immer offen an diesem Tag. So ab und zu kamen bis Mittag noch ein paar Kunden vorbei. Doch irgendwie weiß sie dieses Jahr gar nicht, wie sie alles schaffen soll und fährt in der Früh nur schnell mal zum Laden, um ein Schild hinzuhängen. Es hatte über Nacht doch eine Menge geschneit und so muss sie noch ihre Garage freiräumen und kommt etwas später in ihrem Ladengeschäft an. Als sie aussteigt, bemerkt sie einen Mann mit Mantel und Hut, der an ihrem Schaufenster steht und hineinschaut. Sonja geht zu ihrer Ladentür und sperrt diese auf, tut so, als ob sie ihn gar nicht bemerken würde und geht hinein. Noch ist die Tür nicht ins Schloss gefallen, da geht sie wieder auf und der Mann steht mittendrin.

„Guten Tag, ich habe heute geschlossen, wenn Sie noch etwas brauchen sollten, dann müssen Sie sich woanders umschauen. Fröhliche Weihnacht",

will sie diese Kundschaft schnell abfertigen.

„Danke, auch fröhliche Weihnacht",

erwidert dieser Mann und fährt aber gleich fort: „Nein, junge Frau, ich möchte nichts kaufen, ich glaube aber, ich wollte zu Ihnen, Sie heißen doch Sonja, oder nicht?"

Sonja, etwas erschrocken, dreht sich zu ihm um, mit dem Schild in der Hand „Heute geschlossen" und schaut den Mann nochmals an.

„Ach ja, kennen Sie Sonja denn, was wollen Sie von ihr?",

möchte sie ihn ausquetschen, ohne sich zu erkennen zu geben.

„Ich soll hier nur den Laden schließen und das Schild hier anbringen",

erklärt sie kurzum.

Der Mann tritt ein paar Schritte auf Sonja zu, nimmt seinen Hut ab und reicht Sonja die Hand.

„Darf ich mich vorstellen, mein Name ist Neumann, Peter Neumann. Nein, ich kenne Sonja nicht, aber mein Bruder hatte sie gekannt, und deshalb bin ich hier und suche Sie auf. Seine Beschreibung passt aber genau auf Sie. Nun, aber wenn Sie nicht Sonja sind, dann entschuldigen Sie bitte", gibt dieser Mann Auskunft über sein Erscheinen und seine Person.

„Meinen Sie etwa Paul Neumann? Warum, was ist mit ihm?",

will Sonja wissen.

„Dann sind Sie doch Sonja?", hakt er nochmals nach.

„Nein, nein, aber Sonja hat mir davon erzählt, ich bin nur ihre Kollegin",

rechtfertigt sie ihre vorherige Aussage und stottert dabei und läuft ganz blass im Gesicht an.

Peter Neumann schaut sie etwas verwundert an, weiß nicht, soll er ihr glauben oder nicht. Sein Gefühl sagt ihm, dass es diese Sonja ist, gerade weil sie auch etwas blass geworden ist. Aber er will erst mal das Spiel mitspielen. Für sich denkt er nur, dass sein Bruder Paul keinen schlechten Geschmack hatte. Aber er kann ihn auch nicht verstehen, diese Frau hier einfach alleine gelassen zu haben. Ob er wirklich wusste, was er tat und was er versäumte? Aber jetzt muss er handeln! Aber wie?

„Nun, liebe Frau, wie ist denn Ihr Name?", spielt er das Spiel weiter

„Mein Name, ach ja, Ssssabine", stottert sie einen Namen heraus.

„Also, Sabine, ich denke nicht, dass Sie diese Geschichte mit meinem Bruder Paul etwas angeht, es geht rein um Sonja und Paul", will er sich nicht weiter äußern.

Sonja dreht sich um und macht sich hinter der Ladentheke zu schaffen, nur um nicht ihr Gesicht zeigen zu müssen. Aber Peter ist hartnäckig und fragt weiter:

„Nun, Frau Sabine, wo kann ich jetzt bitte Sonja finden. Es ist Heiligabend und ich möchte nicht die ganze Zeit hier bei Ihnen verbringen. Ich habe eine Nachricht zu überbringen, die auch noch alles andere als leicht ist und Sie wursteln hier herum und lassen mich hier stehen. Ich habe meinem

Bruder etwas versprochen und ich werde dieses Versprechen einhalten, und wenn Sie mir nicht weiterhelfen, dann werde ich diese Sonja auf eine andere Art und Weise und ohne Sie finden. Aber ich denke, wenn Sie Ihre Aktion hier erfährt, werden Sie die längste Zeit ihre Kollegin gewesen sein."

Peter Neumann schlägt einen etwas härteren Ton an und wechselt dabei sein Hut immer wieder schwungvoll von einer Hand in die andere.

Mit ganz verweinten Augen dreht sich Sonja wieder ihm zu, wischt sich mit einem Tuch die Tränen von den Wangen. Will sie es wissen oder nicht? Aber sicher will sie wissen, was mit Paul ist, denn vielleicht ist er ja wirklich wieder nicht auffindbar oder abgetaucht. Peter dagegen weiß, dass er hier mit Sonja spricht und will jetzt eben diese Klarheit. Er hat zwar heute wirklich nichts Wichtiges vor, würde eh nur in einer Kneipe herumhängen. Mit Tagen wie diesen kann er nicht wirklich gut umgehen. Aber er hat nichts zu verlieren, nicht einmal seine Zeit, und im Prinzip ist es ihm ja egal, ob er heute oder morgen diese Nachricht überbringen würde. Er will es einfach hinter sich bringen.

Sonja stützt sich mit gesenktem Kopf mit ihren Armen am Ladentisch nieder. Dann sagt sie mit ganz leiser Stimme:

„Ja, ich bin Sonja, ich kenne Paul Neumann zwar nicht wirklich, aber er ist der Vater meiner Tochter Regine."

Dann stockt sie ein wenig, Peter geht langsam auf den Ladentisch zu. Nach kräftigem Luftholen redet sie weiter:

„Ich weiß zwar nicht, was Paul Neumann an mich auszurichten hätte. Vielleicht lässt er sich wieder irgendwelche Ausreden einfallen, warum er wieder einmal wie vom Erdboden verschwunden ist. Warum er nicht den Mut hatte, sich mir vorzustellen, weiß ich nicht. Warum muss er jetzt durch seinen Bruder eine Erklärung überbringen lassen? Kann er das nicht selbst tun?"

Während Sonja dies erzählt, rollen immer wieder Tränen aus ihren Augen über ihre ganz erröteten Wangen. Peter steht ganz still, weiß im Moment nicht, ob und was er sagen soll. Es ist ja auch keine Entschuldigung, was er hier vorbringen sollte.

„Wissen Sie, wie das ist, eine Urlaubsbekanntschaft, und trotz Alkohol diesem Mann eine Liebe entgegengebracht zu haben. Ohne jedes Gefühl für diesen Paul wäre ich mit ihm sicherlich nicht im Bett gelandet, es hätte bestimmt keine Küsse und Zärtlichkeit gegeben. Und dass ich dann schwanger wurde, das war auch nicht seine Schuld. Da kann ich ihm nichts anhängen. Aber ich hatte mich damit abgefunden, den Vater von Regine nie wieder zu sehen."

Dann stockt sie wieder, geht vom Ladentisch weg in Richtung der Kleiderständer und schiebt diese unnütz etwas herum. Peter Neumann bleibt stehen und dreht nur seinen Kopf nach ihr. Aber er bleibt noch stumm.

„Als er jetzt hier aufgetaucht ist, vor einigen Tagen, ich hatte ihn zwar nicht erkannt, aber er wohl mich. Er hätte etwas sagen können. Er sah damals einfach ganz anders aus als heute. Zudem war es dunkel in der Bar und im Zimmer. Hätte er nur ein kleines bisschen Verantwortungsgefühl gehabt, dann hätte er gesagt, wer er ist. Und die Ausrede, ich könnte verheiratet sein, die lasse ich nicht zu."

Dann stockt sie wieder, ihre Stimme ist gedrückt und dann wieder wütend. Mit langsamen Schritten geht nun Peter auf sie zu und greift nach ihrer Hand auf dem Kleiderbügel. Erst erschrickt Sonja und dann blickt sie zu diesem etwas größeren

Mann auf. Ihm steckt irgendwie ein Kloß im Hals, er möchte etwas sagen und sollte jetzt seinen Mund aufmachen. Doch jetzt im Moment stockt alles. Schließlich ist hier auch nicht der rechte Ort, darüber zu reden. Aber er muss jetzt etwas sagen: „Kommen Sie, Sonja, gehen wir einen Kaffee trinken, dann kann ich Ihnen alles erzählen. Kenne Sie hier ein Café? Paul erwähnte da so eines."

Sonja zieht ihre Hand aus seiner, geht zurück zur Theke, schnappt sich ihren Mantel und einen Schal sowie die Schlüssel. Sie hängt noch ihr Schild an die Ladentür und fordert dann diesen Neumann auf: „Also bitte, da drüben, da können wir einen Kaffee trinken. Aber denken Sie daran, ich habe nicht viel Zeit, meine Tochter wartet und ich denke, auf Sie wird auch jemand warten, an Heiligabend."

Es schneit ganz leicht mit dicken Flocken. Wenige Leute sind auf der Straße, das Café ist fast leer. Nur an zwei Tischen sitzen ein paar Menschen alleine und lesen ihre Zeitung. Aus den Lautsprechern klingen ganz leise alte weihnachtliche Weisen. In der Ecke steht ein kleiner Tisch, etwas abseits von den übrigen Gästen. Die beiden gehen auf diesen zu ist. Peter nimmt Sonja den Mantel und den Schal ab, legt diese über den einen Stuhl und seinen Hut und Mantel über den anderen Stuhl. Dann setzen sie sich so, dass sie sich genau gegenüber sind und in die Augen sehen können. Die ersten Minuten sitzen sie nur da und spielen nervös mit ihren Händen und bestellen dazwischen einen Cappuccino für Peter und einen Milchkaffee für Sonja. Sie trinken erst einen Schluck und dann atmen beide tief durch.

„Nun, was sollen Sie mir sagen, welche Erklärungen sollen Sie mir bringen, weswegen Sie doch gekommen sind?", fängt dann Sonja doch die Unterhaltung an.

Peter blickt auf den Tisch, atmet tief durch und spielt mit seinen Fingern, bevor er dann nach einer Antwort ringt. Er weiß nicht, wie er beginnen soll. Dann hebt er den Kopf, greift mit seinen Händen nach Sonjas Händen.

„Wie soll ich beginnen, Paul hat mich gebeten, Sie aufzusuchen, er ist verhindert, wollte selber kommen, aber ...“

„Was aber?“,

unterbricht Sonja.

„Verhindert, wieder einmal? Was ist denn dieses Mal der Grund?“

Peter ist unruhig, weiß nicht, wie er es sagen soll, und ringt wieder nach Worten, was er vorher in der Boutique nicht gespürt hatte, aber jetzt schon.

„Ja, Sie haben verdammt schöne Augen, wissen Sie das? Sie können einen schon ein wenig aus der Fassung bringen und vergessen lassen, was man sagen wollte“,

verteidigt sich Peter wegen seines Stotterns.

„Was ist mit Paul? Weswegen kommt er nicht selber? Jetzt am Heiligen Abend Sie zu schicken, ja das ist ja wirklich toll",

drängt sie nach einer Antwort.

„Ok, ok, ist ja schon in Ordnung",

antwortet Peter darauf, immer noch nervös.

„Sie sind einfach eine wunderschöne, eine wunderbare Frau. Ja, ich muss gestehen, ich hätte es Paul gar nicht zugetraut, ja, er hat Geschmack. Ich soll nun etwas kundtun, möchte es in dem Moment aber fast lieber für mich behalten. Wissen Sie, was ich meine?"

Peter drückt ein wenig herum, denn auf der einen Seite soll er ja für seinen Bruder sprechen, auf der anderen Seite spürt er selber ein Verliebtsein. Mit der Ahnung oder dem Wissen, wenn er jetzt alles sagte, was er sagen soll, würde Sonja dies Paul wieder gutschreiben und er auf der Strecke bleiben. Jedoch weiß er, was sich gehört, und wenn es jetzt so sein soll, es ist

Heiligabend, es ist eine verdammt blöde Zeit, dann soll es sein, wie es ist.

Und wieder schnauft Peter stark, dann fängt er ganz woanders an, als er eigentlich sollte. Er erzählt nicht diese Geschichte von Paul, sondern einfach nur von ihnen beiden. Sein Empfinden Sonja gegenüber ist stark geworden, nur in dieser kurzen Zeit und er hofft auf Gegenseitigkeit, ohne Paul wehzutun.

Dann fängt er mit leiser Stimme an, darüber zu erzählen, wie früh ihre Eltern durch einen Verkehrsunfall ums Leben gekommen waren. Paul saß damals mit im Auto, als dieses von der Straße abkam und in einen Fluss stürzte. Es war kurz vor Weihnachten gewesen. Er kam aus dem auf dem Dach liegenden Auto heraus, wollte Vater und Mutter retten, aber er war zu schwach. Und so musste er ansehen, wie sie ertranken. Paul konnte sich aber befreien und schaffte es an die Oberfläche. Seit diesem Unfall fühlte sich Paul schuldig.

Er erzählt, wie sie beide bei den Großeltern aufwuchsen, Paul den Weg des Journalismus einschlug und früh von zu Hause wegging. Er selbst, ein Jahr jünger, blieb bei den Großeltern, die einen kleinen Hof hatten, und durfte nichts Besonderes lernen. Dazwischen stockt immer wieder seine Stimme, seine Blicke gehen zum Tisch, zu seinen Händen, die nervös herumspielen.

„Aber warum erzählen Sie mir das alles?", will Sonja wissen.

„Ich denke, Sie sollten über Paul mehr wissen", antwortet er darauf.

Doch es war nicht die ganze Wahrheit.

Nach kurzem Schweigen fährt er mit seiner Geschichte fort. Man spürt ein Stück weit einen gewissen Neid auf seinen Bruder Paul, aber auch, wie nahe sich die beiden stehen. Peter erzählt über beider

Laufbahnen, Paul, dem erfolgreichen freien Journalisten und Fotografen, der für sämtliche große Zeitungen und Illustrierte in der ganzen Welt umherreiste. Über ihn, der nie wirklich aus dem Dorf herauskam und immer einen Job nach dem anderen hatte. Aber er ließ auch durchblicken, dass sich beide immer gegenseitig beneidet hatten. Dass es Paul immer schwerer fiel, nie ein Zuhause zu haben, eine Ehe dadurch schon in die Brüche gegangen war. Dies sei für ihn, Peter, immer eine Abschreckung gewesen, einer Frau näher zu kommen. Paul hatte dagegen immer die schönsten Frauen gehabt.

Da unterbricht ihn Sonja:

„Was soll das heißen, Paul hatte immer die schönsten Frauen? War er denn vor sieben Jahren noch verheiratet?"

„Nein, nicht mehr, er war gerade frisch geschieden, aber er ist nicht so, wie Sie jetzt denken. Das mit den Frauen war davor gewesen",

verteidigt Peter seinen Bruder.

Die Stimmung ist nicht sehr romantisch, Sonja bestellt sich noch einen Milchkaffee und für Peter einen Cappuccino. Sie spürt ein Durcheinander bei ihrem Gegenüber und in sich selbst eine Unklarheit. Immer wieder geht ihr Blick auf die Uhr, Regine wartet zu Hause, sie wollte doch gleich wieder da sein.

„So, aber nun genug Geschichte, nun wieder zurück zur Gegenwart. Wieso sind Sie hier und warum kann Paul nicht selber kommen? Mein Kind wartet auf mich, es ist Heiligabend",

drängt Sonja langsam zum Abschluss.

„Gut. Machen wir es kurz, ich will Ihnen nicht die Zeit stehlen und entschuldigen Sie, dass ich so ausführlich wurde. War nicht meine Absicht", entgegnet Peter mit wieder gefasster und etwas hart klingender Stimme.

„Paul ist in Australien. Er hat mir eine E-Mail geschickt, er musste sehr schnell an jenem Tag vor dem Theaterbesuch weg. Nachdem Sie ihn nicht erkannt haben und ihm einen Korb gegeben verabreichten, hat er den Auftrag angenommen und ist jetzt für längere Zeit dort."

Sonja unterbricht:

„Was heißt für längere Zeit? Entschuldigung, dass ich ihn nicht erkannte, aber er hätte ja einen Ton von sich geben können, wenn er mich erkannt hatte. Wenn ihm an einem weiteren Zusammenkommen gelegen wäre, dann hätte er dies auch kundtun können, und nicht einfach so den Beleidigten spielen und sich dann wieder aus dem Staub machen."

 Sonja ist etwas erbost.

„Ist das alles, was er sagen wollte?",

fragt sie nach.

„Nein, nicht alles. Er lässt sich entschuldigen und meint, er sei nicht der richtige Mann und Vater. Er habe nichts gelernt als nur durch die Welt zu reisen und das sei seine Welt, sein Beruf, der wiederum seine Berufung sei. Aber er möchte Sie auch nicht vergessen, und es sei ihm so nie wieder passiert, dass er mit einer Frau aus der Bar ins Hotelzimmer ging und mit ihr geschlafen hätte",

rechtfertigt Peter seinen Besuch erneut.

Sonja kommt wieder ein wenig zu sich und fragt mit leiser Stimme: „Dann weiß er gar nichts von seiner Tochter?"

Peter blickt Sonja in die Augen und ist etwas irritiert.

„Nein, von einer Tochter hat er weder gesprochen noch geschrieben. Sollte er denn davon wissen oder erfahren haben?",

erwidert Peter.

Jetzt stockt Sonja der Atem und sie weiß nicht, was sie sagen soll. Sie schlürft an ihrem Milchkaffee und dann klingelt ihr Handy.

„Das ist bestimmt Regine, die will wissen, wo ich bleibe",

ist Sonjas Reaktion darauf.

Sie zieht es aus ihrer Manteltasche und geht ran.

„Ja, hallo, meine Kleine, ja ich bin gleich auf dem Weg."

Sie macht sie es kurz, dies war ein Wink mit dem Zaunpfahl, dass sie jetzt gehen müsste.

„Hören Sie, mir läuft die Zeit etwas davon, meine Tochter wartet, können wir das Gespräch jetzt dann als beendet ansehen?",

sagt Sonja kurz und knapp.

„Heute geht wohl kein Bus mehr, es ist Heiligabend, wissen Sie nicht ein Hotelzimmer oder eine Pension für mich?",

richtet Peter noch eine Bitte an Sonja.

„Es ist Heiligabend, was wollen Sie da denn in einem Hotelzimmer? Alleine

Weihnachten feiern? Haben Sie denn niemand, der auf Sie wartet?",

bohrt Sonja nach.

„Nein, es ist doch egal, ob ich nun hier in der Stadt bleibe oder alleine zu Hause herumsitze",

antwortet Peter.

„Nein, das ist es nicht. Sie sind immerhin Regines Onkel, wir beide feiern ja auch alleine. Regine weiß nichts von ihrem Vater, hatte nie einen, dann soll sie wenigstens einen Onkel haben, der sie Weihnachten einmal besucht. Wir haben noch ein Gästezimmer, da können Sie dann schlafen und Weihnachten mit uns verbringen, vielleicht freut sich ja Regine darüber",

fordert Sonja Peter auf, mitzukommen.

Peter kann auf diese Antwort und Einladung nicht Nein sagen. Er ruft den Kellner, um zu bezahlen und bezahlt die zwei Cappuccino und die zwei Milchkaffee, nimmt Sonjas Mantel und hilft ihr hinein. Dann nimmt er seinen Mantel, setzt seinen Hut auf und gemeinsam verlassen sie das Café. Sie gehen in dem inzwischen eingesetzten Schneegestöber zu ihrem Auto.

Im trockenen, aber kalten Auto angekommen, entschuldigt sich Peter:

„Ich möchte Ihnen aber keine Umstände machen. Aber es ist sehr freundlich von Ihnen."

Sonja schaut nur kurz zu ihm hinüber, startet den Wagen und meint darauf nur:

„Nein, es macht uns keine Umstände. Aber wir müssen von dem Sie wegkommen, das hört sich nicht gut an. Also, Peter, wir sind per du und das soll jetzt auch so bleiben. Passt das so für dich?"

Peter wird es etwas warm ums Herz, aber klar ist es für ihn in Ordnung.

„Ja, ist ok, danke!"

Während der Fahrt, die durch den Schneesturm und die zugewehten Straßen etwas mühsam und lange dauert, erzählt Sonja kurz die Geschichte, wie sie zu Paul kam und über die sieben Jahre mit Regine. Dann auch ein klein wenig über Regine, denn er soll nicht aus allen Wolken fallen, wenn ihre Tochter Anmerkungen macht und Fragen stellt.

Als Sonja vor ihre Garageneinfahrt fährt, steht Regine schon an der Tür. Peter, als neuer Onkel etwas unsicher, schaut nochmals zu Sonja und dann steigen beide aus. Während Sonja das Garagentor öffnet und das Auto in die Garage fährt, bleibt Peter noch im Schneegestöber stehen und wartet, bis Sonja das Tor geschlossen hat, um mit ihr ins Haus zu gehen. Vor der Tür schütteln sie sich noch den Schnee von der Kleidung und dann verschwinden sie schnell im Haus.

„Darf ich dir vorstellen, das ist Peter, dein Onkel, er wird Weihnachten mit uns verbringen, wenn es dir recht ist?",

stellt Sonja den Gast ihrer Tochter vor.

Regine streckt gleich Peter ihre Hand hin.

„Hallo, Onkel Peter, aber klar, schön, dann sind wir ja mal fast eine richtige Familie an Weihnachten und vielleicht hat das Christkind meinen Brief doch bekommen und gelesen",

begrüßt Regine ihren Onkel mit einem charmanten kindlichen Lächeln.

„Dann komm herein, schau doch mal unseren schönen Christbaum an, den haben Mama und ich gestern geschmückt",

führt Regine ihren Onkel ins Wohnzimmer.

„Wunderschön, das habt ihr sehr schön und mit viel Liebe gemacht",

bewundert Peter diesen Baum und macht Regine eine Freude damit.

„Jetzt erst mal gut, komm, Peter, gib mir deinen Mantel und deinen Hut, dann setz dich mit Regine aufs Sofa, ich muss noch etwas tun, sonst fällt Heiligabend restlos ins Wasser",

unterbricht Sonja diese Unterhaltung, nimmt Peter Mantel und Hut ab und hängt beides in den Flur.

Es ist schon früher Nachmittag und eigentlich haben alle drei außer dem Frühstück noch nichts gegessen. Was Schnelles könnte sie vielleicht machen, denkt sich Sonja, vielleicht schnell nur ein paar belegte Brote, mehr bekommt sie nicht zusammen. Es drängt ja auch die Zeit. Ihr ganzer Zeitplan ging schief, dank Peter, der sie aufgehalten hat. Aber irgendwie fühlt sie sich auch leichter, jetzt weiß sie, was mit Paul ist und ob sie sich noch Gedanken um ihn machen soll. Er hat seinen Weg eingeschlagen, sie den ihren, und den weiteren Weg wird ihr das Schicksal schon vorgeben, denkt sie sich, während sie Brote schmiert.

Regine sitzt mit ihrem Onkel im Wohnzimmer auf dem Sofa und erzählt ihm alles über ihren Brief, den sie an das Christkind geschrieben hat. Sie ist sehr mutig dabei, denn ihre Gedanken verschwendet sie nicht ein bisschen an ihren Vater, von dem sie so gut wie gar nichts weiß. Nicht einmal ein Bild gibt es von ihm, und somit ist er ihr auch egal. Hauptsache, das Christkind erfüllt ihr den Wunsch, und es kann ja auch ihren Onkel Peter geschickt haben. Peter horcht aufmerksam zu und Regine genießt diese Aufmerksamkeit. Sonja hört nur ganz leise in der Küche das Gespräch mit und lächelt dabei vor sich hin. Denn auch sie findet jetzt Peter gar nicht so verkehrt, er wirkt ja auch sehr sympathisch. Aber sie wehrt jeden weiteren Gedanken weit ab, dass hieraus etwas entstehen könnte. Nein, sie ist fest davon überzeugt, er ist der Bruder von Regines Vater und dabei möchte sie es auch belassen. Das Gespräch im Café war auch nicht berauschend, nicht dass es da in irgendeiner Form romantisch gewesen wäre. Und Romantik liebt Sonja über alles, romantisch war Paul schon gewesen. Peter hätte sie ja mit einem Blumenstrauß überraschen können, der von Paul hätte kommen können. Sie merkte einfach, Peter ist weltfremd, Paul dagegen, wie sie auch, weltoffen. Ja, Peter und sie sind sehr gegensätzlich. Mit Paul hatte sie doch viel verbunden.

Doch jetzt ist Schluss damit, denkt sie sich, nimmt die belegten Brote auf einen Teller und trägt sie, ausnahmsweise, weil Weihnachten ist, ins Wohnzimmer.

„So, meine Lieben, jetzt gibt es erst mal eine Kleinigkeit zu essen, ihr habt doch bestimmt Hunger, und Onkel Peter hat sicher seit dem Frühstück auch noch nichts gegessen. Ich bringe gleich auch noch etwas zu trinken."

Sonja stellt den Teller auf den Tisch, dazu drei kleine Teller, geht nochmals und holt Gläser und Wasser.

„Jetzt gibt es erst mal Wasser, heute Abend können wir dann mit einem Glas Wein anstoßen."

Bevor sie zu essen beginnen, zündet Regine die elektrische Beleuchtung am Baum an und Sonja legt eine ABBA-CD mit Weihnachtsliedern ein. Es soll eine gewisse Romantik aufkommen, das braucht Sonja jetzt nach dem wirren und zeitlich verschobenen Tag des Heiligen Abends. Daraufhin setzten sie sich alle zusammen an den Tisch und Sonja wünscht erst mal allen einen guten Appetit.

Es geht nun langsam auf den Abend zu. Während draußen das Schneegestöber nochmals heftiger wird, ist es im Haus wohlig warm. Der Feuerschein und die Wärme des Schwedenofens sorgen zudem für eine sehr romantische, weihnachtliche

Atmosphäre. Peter und Regine spielen „Mensch ärgere dich nicht" und Sonja steht in der Küche und bereitet das Abendessen zu. Es ist bei Sonja eine alte Tradition, die sie noch von ihrer Großmutter kennt, an Heiligabend gibt es Geschwollene mit Kartoffelsalat und Bauernbrot. Es ist ein leichtes und einfaches Essen und es schmeckte bisher einfach immer. Nun muss es auch Peter schmecken. Sie fragt ihn auch nicht erst lange danach, sondern es ist einfach das Weihnachtsessen bei ihr. Nachdem sie den frischen Kartoffelsalat nach bayerischer Art, mit Salatgurke und Zwiebeln, fertig hat, verschwindet sie erst mal kurz in den Dachboden.

Sie hat alle Geschenke schon so weit fertig eingepackt, nur für Peter, der ja nicht eingeplant war, hätte sie noch gerne etwas gehabt. Sie kennt ihn nicht und nicht seine Hobbys und auch nicht, was er sonst so gebrauchen könnte. Doch es kommt ja nicht auf den Wert an, sondern dass es von Herzen kommt. Nach diesem Motto hat Sonja schon immer geschenkt. Ja, von Herzen, vielleicht eine schöne Erinnerung an diesen Abend?, denkt sie sich. Sie hat da noch ein Bild von ihr und ihrer Tochter Regine. Vielleicht würde er sich ja darüber freuen, über die neu gewonnene Nichte? Irgendwo hat sie auch noch bestimmt einen passenden Rahmen dazu. Ja, das ist es, überlegt sie, findet einen und steckt das Bild hinein, packt es schön in ein Geschenkpapier – und das Weihnachtsgeschenk für Peter ist fertig.

Nun legt sie alles schön bereit, es muss dann nach dem Essen einfach rasch gehen, damit viel Zeit zum Auspacken und Reden bleibt. Wieder zurück in der Küche, die Pfanne auf den Herd aufgesetzt, werden die Geschwollenen zubereitet. Dann ruft sie Regine: „Schatz, würdest du den Tisch decken, wir können dann gleich essen."

„Ja, Mama, mache ich",
kommt es aus dem Wohnzimmer zurück.

In der Küche meint Regine:
„Du, Mama, der Peter ist ein ganz ein netter Onkel, er kann zwar nicht gut verlieren, aber ich denke, den können wir behalten."
Beide schauen sie sich an und lächeln vor sich hin. Dann nimmt Regine das Geschirr aus dem Schrank und deckt den Tisch. Sonja findet Peter ja auch ganz nett, aber er kommt eben an seinen Bruder Paul doch nicht ganz hin. Wobei sie sich darüber keine Gedanken mehr macht, diese Sache ist einfach abgehakt, jetzt möchte sie einfach nur den Heiligen Abend genießen.
Die Würste sind fertig, Sonja bringt sie auf einem Teller zusammen mit dem Kartoffelsalat ins Wohnzimmer auf den Tisch, holt noch das schon in Scheiben geschnittene Bauernbrot und stellt es dazu. Mit weihnachtlicher Musik umrahmt, mit

beleuchtetem Christbaum und Kerzen auf dem Tisch soll es ein romantisches Abendessen werden.

„Was darf ich zum Trinken anbieten? Ich würde vorschlagen, erst noch Wasser und im Anschluss einen selbst gemachten Glühwein, den ich schon zubereitet habe", fragt Sonja noch und nimmt auch gleichzeitig die Entscheidung ab. Und so wird es auch von Regine und Peter akzeptiert.

„Schau, Mama, es schneit gar nicht mehr, und am Himmel sind ganz viele Sterne zu sehen. Da findet das Christkind dann bestimmt den Weg zu uns", bemerkt Regine so nebenbei, als sie zur großen Terrassentür hinausschaut.

„Ja, ja, mein Schatz, das Christkind findet jeden Weg, ob nun bei klarem Himmel mit Sternenschein oder bei dickem Schneegestöber", lächelt Sonja verschmitzt zurück.

„So, meine Lieben, nun lasst es euch schmecken. Peter, ich hoffe, dir schmeckt dieses Weihnachtsessen auch. Weißt du, es ist Tradition bei uns, dieses einfache Essen",

wünscht Sonja allen einen guten Appetit.

Peter nickt nur.

„Ja, Sonja, ich bin nicht verwöhnt, du bist bestimmt eine gute Köchin und das kleinste Essen wird bei dir zu einem kulinarischen Menü."

Dann wird es still und alle drei genießen das einfache Essen am Heiligen Abend.

Es wird alles aufgegessen und danach wieder ordentlich aufgeräumt, das Geschirr gleich in der Geschirrspülmaschine verstaut und ein Teller mit leckerem Christstollen hergerichtet. Dazu gibt es Glühwein und für Regine Tee.

Nachdem Regine und Peter wieder im Wohnzimmer Platz genommen haben, schickt Sonja die beiden, wie es der Brauch ist, nochmals weg.

„Das Christkind traut sich ja so nicht herein. Es ist schüchtern und wenn es seine Gaben unter den Christbaum legen soll, dann muss es dunkel sein, dann darf nur der Glanz des Christbaumes strahlen. Regine, geh doch mal mit Onkel Peter draußen schauen, wie hoch der Schnee schon geworden ist. Lasst euch aber gut Zeit, zieht euch etwas an."

Regine kennt dieses Spiel, sie musste ja sonst immer in ihr Zimmer gehen. Mit einem kleinen Lächeln stehen die beiden auf, ziehen sich an und gehen nach draußen. Nun hat Sonja Zeit, die Geschenke für Regine und Peter unter den Weihnachtsbaum zu legen.

Regine geht mit Onkel Peter ein Stück die Straße entlang.

„Was hast du dir denn vom Christkind so alles gewünscht?",

fragt Regine den Peter.

„Nicht viel, eigentlich einfach nur Glück, Frieden auf der ganzen Welt, alles andere kann ich mir ja kaufen",

antwortet Peter.

„Eigentlich? Das ist ein Wort, sagt meine Mama immer, das man beim Wünschen nie sagen sollte. Eigentlich heißt, sagt sie immer, dass man es sich ja nicht wirklich wünscht, man im Zweifel ist", berichtigt Regine ihren Onkel Peter bezüglich des Wortes „eigentlich".

„Du musst schon sagen, dass du dir das von ganzem Herzen wünschst",

fordert sie ihn auf.

„Ja, ich wünsche es mir schon von ganzem Herzen", erwidert dieser.

„Und du, was wünschst du dir dieses Jahr?",

fragt Peter Regine.

„Na ja, für mich nicht wirklich viel, mehr für meine Mama, deshalb habe ich ja auch den Brief an das Christkind geschrieben."

„Und du hoffst immer noch?",

fragt Peter nach.

„Ja, schon, wenn ich nicht daran glauben würde, dann wird es nie was. Mama sagt immer, nur wenn man an etwas ganz fest glaubt, dann wird es in Erfüllung gehen. Und das tue ich",

gibt Regine zur Antwort.

Nachdem sie nun schon fast eine halbe Stunde so gelaufen sind, meint Regine:

„Jetzt können wir doch wieder nach Hause gehen, so lange hat es noch nie gedauert."

„Machen wir, gehen wir zurück",

erwidert Peter.

Wieder zu Hause angekommen, die Schuhe und Jacken ausgezogen, stehen sie vor der Wohnzimmertür, dahinter nur ein leicht strahlender Christbaum, darunter ein paar Päckchen und daneben steht Sonja.

„Kommt nur herein, das Christkind war eben da und hat für euch die Geschenke gebracht",

bittet Sonja die beiden ins Wohnzimmer.

Regine schaut die Päckchen an und sagt:

„Mama, das Christkind hat dich vergessen."

„Meinst du, mein Schatz, nein, ich glaube nicht, ich denke es ist doch Geschenk genug, euch heute Abend zu haben, eine gesunde und zufriedene Tochter, und auch Onkel Peter eine Freude machen zu können",

erläutert Sonja ihr Geschenk.

Und in diesem Moment klingelt es an der Haustüre.

„Wer kann das jetzt noch sein? Wir erwarten doch niemand, oder?",

fragt Sonja.

„Ich geh mal nachsehen, bin gleich wieder da",

sagt sie und geht aus dem Zimmer.

Regine wird es ganz anders. Nein, es ist noch nie jemand um diese Zeit auf Besuch gekommen. Peter nimmt sie an der Hand und sagt:

„Wer weiß, vielleicht kommt doch dein Weihnachtsgeschenk für deine Mama?"

Sonja geht an die Tür, öffnet sie und ihr bleibt fast der Atem stehen. Sie bringt kein Wort heraus, starrt nur auf diese männliche Gestalt, die da steht, und dann:

„Du, Paul?"

Ja, es ist Paul, der da vor der Tür steht, mit einem wundervollen schönen Blumenstrauß und einem großen Paket unter dem Arm.

„Darf ich hereinkommen?",

fragt er.

„Ja, natürlich, entschuldige, ich dachte du bist weit weg in Australien, dein Bruder Peter ist hier und er ließ so etwas verlauten, aber komme erst mal und lege ab",

fordert Sonja den Besucher auf.

Paul zieht seinen Mantel und seine Schuhe aus, dann nimmt er das Paket und den Blumenstrauß und folgt Sonja ins Wohnzimmer, wo Regine und Peter erwartungsvoll stehen. Peter hat ein verschmitztes Lächeln im Gesicht, so als ob er gar nicht überrascht sei, wer da zur Tür hereingekommen ist. Regine schaut nur mit großen offenen Augen den Besucher an.

„Regine, das ist nun dein Vater, das ist Paul, der Bruder von deinem Onkel Peter", stellt Sonja den Mann an ihrer Seite vor.

„Peter, hast du das gewusst?",

will Sonja wissen.

Peter lächelt immer noch etwas verschmitzt.

„Ich habe vor ein paar Tagen einen großen Fehler gemacht, aber ich glaube, ich habe einfach diese Zeit noch gebraucht, um mir klar zu werden, dass alles kein Spiel war, liebe Sonja",

erwidert Paul darauf, dreht sich zu Sonja hin, geht vor ihr auf die Knie und fragt sie:

„Liebe Sonja, willst du meine Frau werden?",

und streckt ihr dabei den Blumenstrauß entgegen.

Erst steht Sonja wortlos da, ihr läuft es heiß und kalt den Rücken herunter. Sie bemerkt die Gänsehaut an ihren Armen. Regine stellt sich neben ihre Mutter und nimmt sie an der Hand, schaut ihren Vater an und dann ihre Mutter.

„Mama, sag ja",

flüstert sie zu ihr.

Sonja schaut zu ihr herunter, dann wieder zu Paul und stottert ein wenig: „Was soll ich jetzt dazu noch sagen. Ich bin total überrascht, sieben Jahre habe ich auf diesen Moment gewartet, und jetzt weiß ich nicht, wie mir geschieht."

Tränen rollen langsam aus ihren Augen über ihre Wangen, ihr Gesicht wird ganz rot. Sie schnauft nochmals richtig durch und sagt dann klar und deutlich: „Ja, lieber

Paul, ja, ich will. Ich will es schon sieben lange Jahre, ich hatte nicht mehr gehofft, dass es wahr werden würde. Jaaaaa, ich will!"

Paul steht auf, legt den großen Blumenstrauß auf die Seite auf einen Tisch und nimmt Sonja in die Arme und beide drücken sich ganz fest.

Regine geht erst zurück zu ihrem Onkel Peter und schaut ihn an und sagt:

„Siehst du, Onkel Peter, jetzt hat das Christkind auch Mamas Wunsch erfüllt, es hat meinen Brief gelesen. Ich wusste es."

Dann geht Regine auf Mama und Papa zu, die sich zu ihr herunterbücken und sich gegenseitig in die Arme nehmen.

„Jetzt sind wir eine richtige Familie, das habe ich mir vom Christkind gewünscht."

Nachdem sie wieder voneinander lassen können, holt Sonja eine gute Flasche Sekt aus dem Kühlschrank, Paul öffnet sie und dann stoßen die drei Erwachsenen mit Sekt und Regine mit Orangensaft auf das nun vollendete Glück an.

Peter beichtet so nebenher, dass er die wahre Geschichte schon kannte und es eine große Überraschung werden sollte, die ja dann auch gelang. Paul erzählt, wie er Peter dazu überreden musste. Was Sonja aber noch nicht ganz in den Kopf will, warum alles so kompliziert laufen musste.

„Ich wusste ja nicht, dass ich dich hier finden würde, hatte keinerlei Ahnung. Dann stand ich plötzlich in deiner Boutique. Du hast mich nicht wiedererkannt, das machte mich zuerst ein wenig traurig. Dann die Ablehnung meiner Einladung zum Theater. Hätte ich dir nach all den Jahren um den Hals fallen sollen?"

Pauls Augen strahlen und warten auf eine Antwort von Sonja, die jedoch schweigt.

„Ich musste nochmals weg, musste sehen, dass meine berufliche Karriere nicht mehr im Ausland stattfindet. Ich musste klären, wie ich mir meine künftige Zukunft vorstellen würde und dennoch meinen Job nicht verliere."

„Ja, und wenn ich jetzt Nein gesagt hätte?", stellt Sonja die Gegenfrage.

„Das glaubte ich nicht mehr. Und ich wusste von dem Moment an, als wir in der Bar waren, mit dir könnte ich glücklich werden."

Sonja umarmt Paul erneut und lässt ihn gar nicht mehr los.

Nach diesem Stehempfang lassen sich alle vier auf Sofa und Sessel nieder. Peter und auch Paul erzählen nun ihre ganze Geschichte, wie Peter mit Paul immer irgendwie in Kontakt war. Und in dem ganzen Erzählen vergessen sie ihre Geschenke auszupacken. Auch Paul vergisst sein Päckchen, das er mitgebracht hat. Als er es endlich holt und auspackt, kommt genau dieses Abendkleid zu Vorschein, das Kleid, das er gekauft hat, das Sonja für seine „Begleitung" herausgesucht hatte. Es war nicht für die Tochter seines Freundes bestimmt sondern für Sonja. Auch Regine und Peter machen ihre Päckchen auf. Sonja hätte sich nicht vorstellen können so ein Weihnachten zu erleben. Dank ihrer kleinen Regine, oder aber warum auch immer, welche Macht im Spiel war, kam es dazu. Sie ist glücklich und zufrieden, was man ihr auch ansieht. Regine hat es nicht für möglich gehalten, jedoch ihre Kraft des Glaubens hat ihr wohl geholfen ihren ganz persönlichen Weihnachtswunsch zu erfüllen. Und so können diese beiden Brüder im Kreise dieser, jetzt wohl ihrer Familie, nun ein Weihnachtsfest der Liebe, der Besinnlichkeit, ja des Zufriedenseins feiern. Und alle vier kamen zu der Überzeugung, manche Dinge geschehen, man muss es jedoch nicht verstehen.

Ach was waren denn das …

Ach was waren das doch noch für Zeiten,
Wo die Menschen an Radios verweilten.
Toller Musikklang ertönte in die Stuben
Für Vater, Mutter, Mädels und die Buben.

Kein Fernsehapparat, wo man besessen
Vor Serien dort nur noch gesessen.
Und wenn, Weihnacht mit Carolin Reiber,
Keine solchen stumpfen Zeitvertreiber.

Kein Blut ist da mal rausgeflossen,
Und nur selten hat man mal geschossen.
Keine Telefone musste man überhören,
Weil sie vielleicht die Atmosphäre stören.

Schöne familiäre Geselligkeiten
Gab es noch damals, zu jenen Zeiten.
Auto, wenn überhaupt, hatte man eines
stehen,
Und sonst musste man einfach zu Fuß mal
gehen.

Im Winter, wenn draußen kam die Kälte
Und nach Advent das Christkind schon in
Bälde,
Sang man gemeinsam einfach schöne
Lieder,
Wobei man wärmte am Ofen seine Glieder.

Das Flötenspiel und dazu ein Singen
Hörte man aus vielen Stuben leis'
erklingen.
Bratäpfel gab's dann dazu zu essen,
Die hätt' ich jetzt doch glatt vergessen.

Dazu gab es in einer Schachtel sehr viele
Schöne und auch leichte
Gesellschaftsspiele.
Familiär erlebte man diese Augenblicke,
Und wog sich zufrieden – in diesem
Glücke ...

Bald naht die Zeit

Bald naht jetzt dann die Zeit,
Wo's Christkind schon bereit
und ein Engel verkündet den Leut'
die ganz große Freud.

Ein Engel die Botschaft bringt
von dem neugeborenen Kind,
das in den Windeln liegt bereit
auch in uns'rer neumodernen Zeit.

Ein Engel bei den Hirten war
und die Botschaft dort wunderbar
in dieser seligen Nacht
speziell für sie hat überbracht.

Ein Engel auch in dieser Nacht
die Geburt hat überwacht,
wie der Jesus Christ
in dem Stall geboren ist.

Und ein Engel wird es wieder sein,
der uns heut' wieder ganz fein
diese Botschaft überbringt
von dem neugeborenen Jesuskind ...

Herbergsuche anno 2014

Jetzt nehmen wir mal an, es wär in unserer
Zeit,
Jesus würd' noch mal zu uns kommen heut.
Ja, was täten da die Leut?
Vielleicht jubeln vor lauter Freud?

Maria und Josef, die auf der Reise grad
sind,
es ist nimmer lang hin, dann kommt schon
das Kind,
und darum machen sie geschwind
dass sie doch zu Hause bald sind.

Im Auto fahren sie durchs Schwabenland,
auf einmal bleibt es steh'n, an einem
Straßenrand.
Er nimmt sie schön bei der Hand
und marschiert weiter durch das Land.

Gerad wie sie gehen nach Krumbach da
rein,
da setzen schon die Wehen darauf gleich
ein,
so schlimm kann es ja nicht sein,
man sieht in der Stadt den Lichterschein.

Da fährt ein Taxi an ihnen vorbei,
er stellt sich auf die Straße, ist doch so frei,
er hat jedoch nicht einen Cent dabei,
darum lässt er sie stehen, diese zwei.

Das Gewand, es ist ja nicht vom Feinsten
gerad,
ja schwäbisch von ihnen keiner gelernt und
parat,
so laufen beide trotzdem in die Stadt,
vielleicht man ja Glück da doch hat.

Die Wehen, ja sie setzen ihr all noch mehr
zu,
in ihnen ist auf einmal gar keine Ruh',
das Kind strampelt in ihr genug,
sie weiß schon, des wird ja ein Bub.

Josef klopft an ein Fenster, sieht da die
Leut,
erzählt ihnen alles, ihr ganz großes Leid,
doch eine Antwort, die bleibt weit,
nur das eine, ihr seid ja nicht gescheit.

Einen Gasthof, den finden sie noch sofort,
der Josef, der meint, das sei jetzt der Ort,
wenn es auch schon arg spät nun sei,
vielleicht kommen sie unter, diese zwei.

Schau an, sagt einer, der ist ja Asylant,
schau an doch das speckige Gewand,
nimm gleich die Tür in deine Hand
und verschwinde gleich, du Asylant.

Kein Auto, das hält, keine Polizei,
kein Sanka fährt an der Straße mal vorbei,
und d'Maria, sie knickt schon ein,
das Kind, weit kann es nimmer sein.

Sie gehen nun einfach die Straße so
entlang,
ihr wird's schon anders, ihm wird es ganz
bang,
wie sie raufgehen einen Hang,
im Bauch drinnen dieser Drang.

Eine Frau, sie kommt gerade des Weges
daher,
zu ihr geht sie hin, zu ihr fleht auch er,
doch auch sie, sie lässt kein' Ärger zu,
schickt sie wieder weg so gleich im Nu.

Weit draußen, da bietet sich eine Hütte an,
ein Plätzchen wo man hin sitzen kann,
die beiden finden keinen anderen Rat,
steht das Kind zur Geburt doch schon parat.

So käm wohl der Heiland heut auf die Welt,
so wie damals, wovon man heut fromm
erzählt,
doch sicher hätte er auch in einer kalten
Nacht
immer noch voll von Freude uns angelacht.

Und vielleicht würde man in zweitausend
Jahr
davon erzählen, wie es doch in Krumbach
war,
als der Heiland zur Welt hier doch kam,
in einer Hütte, ganz einsam und arm war er
dran.

Der Adventskranz der Liebe

Es liegen breit gefächert auf dem Tisch
Adventskränze, gemacht ganz frisch.
Ein kleiner, der liegt ganz oben auf,
und alle Augen fallen drauf.

Gar viele nehmen ihn in ihre Hand,
bestaunen doch sein schön Gewand.
Sie drehen ihn, bewundern ihn,
und legen ihn einfach wieder hin.

So geht es kurz bis vor Advent,
dass er sich schon ganz langsam schämt.
Alle anderen, die gingen eifrig weg,
nur er, er liegt noch am selben Fleck.

Er ist nicht schön, ist nicht ganz rund,
doch ist dies wirklich denn ein Grund?
Ein Lehrling hatte ihn sehr schön kreiert,
zum ersten Mal einen Kranz probiert.

Viel Liebe steckte er da hinein,
für ihn sollte es der allerschönste sein.
Doch nun, der Kranz liegt noch da,
bald ist er schon den Tränen nah.

Da kommt eine Mutter mit ihrem Kind,
einen Kranz suchen sie noch ganz
geschwind,
ihn sieht das Kind, läuft zu ihm hin,
sogleich verliebt es sich in ihn.

Der Mutter sah man im Gesicht,
dieser Kranz, nein, der gefällt ihr nicht.
Doch das Mädchen lässt ihn nicht mehr los,
„Mama, ich will diesen bloß".

Und als ein Tränenpaar ganz leicht
den Kranz auf seinem Grün erreicht,
da wird dieser gleich im Handumdrehn
so schön, wie man keinen je geseh'n.

Und als dann am ersten Advent
das erste Lichtlein an ihm brennt,
wird so viel Liebe frei im Raum,
als sei das alles nur ein Traum.

Erreichen kann man so was nur
mit einer Liebe, rein und pur,
der Lehrling hat sie hineingesteckt
und das Mädchen, es hat sie entdeckt.

Weihnacht

Weihnacht, Freude macht sich in unseren
Herzen breit,
Weihnacht, daran zu denken, dass Herzen
sind so weit.
Weihnacht, voll von Lichter in Harmonie
und voller Glanz,
Weihnacht, man denkt nicht nur an die fette
Gans.

Weihnacht, und ein Jahr, das zu Ende geht,
ein neues schon klopfend vor der Türe
steht.
Bringt es Gutes, Besseres, bringt es Leid
oder Glück,

sicherlich wieder von allem so ein kleines
großes Stück.

Weihnachten

Weihnachten, ein Fest der Freude
Ist es wie gestern so auch heute.
Weihnachten, der Straßen Lichtermeer
Bringt einem das Fest näher mehr.
Weihnachten, es schneit weiße Flocken
Und ertönen hell der Kirche Glocken.
Weihnachten, die Herzen werden weicher
Und an Wärme wieder etwas reicher.
Weihnachten, wieder kommt wie oft
Die Erfüllung von Träumen unverhofft.
Weihnachten, ein Fest für Arm und Reich,
für den Bettler wie für den reichen Scheich.
Weihnachten, es ist voller Freunde
Wie gestern so auch gerade heute.
Weihnachten, wo Raketen schießen
Und bei Menschen Tränen fließen,
Obdachlos und unter freiem Himmel
Oder in Baracken voller Schimmel,
Im völlig zerbombten Eigenheim
Sieht man Weihnacht den Sternenschein.
Weihnacht, ein Fest des Denkens
Und nicht allein nur des Schenkens.

Die stille Zeit

Man kann heute sagen, was man will,
die stille Zeit, sie ist nicht still,
Hektik gleich von Anfang an,
an Stille nicht zu denken dran.

So leise, das war sie früher halt,
der Schnee gerieselt und ein wenig kalt,
man hat sich kein Stress gemacht,
kein Stress bis in die Heilige Nacht.

Heut geht es im November an,
egal wo man auch hinschauen kann,
bald jeden Tag ist man irgendwo,
einem jeden ergeht es ebenso.

Man feiert groß im Verein,
Konzerte kommen noch obendrein,
Christkindlmärkte ja überall,
eine stille Zeit? Auf keinen Fall.

An Weihnachten kommen zuletzt
Auch noch eine große Anzahl an Gäst',
das ganze Haus wird blitzblank geputzt,
dass jeder ja nur noch so stutzt.

Ist schon die ganze Stadt ein Lichtermeer,
so braucht man für das Haus noch etwas
mehr,
an jedes Fenster, da muss was dran,
damit man sich auch sehen lassen kann.

Und geht es an den Tag dann ran,
der Heilige Abend kommen kann,
so fehlt bestimmt noch dies und des,
geht es nochmals los, voll im Stress.

Was man am Heiligen Tag dann isst,
dass man am Weihnachtsbaum auch nichts
vergisst,
vielleicht ist etwas noch nicht ganz perfekt,
wird vielleicht am Schluss ja noch
entdeckt?

Und bevor man sich schaut mal um,
ist Weihnachten auch schon wieder um.
von einer stillen Zeit war keine Spur,
war Hektik und Stress nur pur.

Ja, so geht es von Haus zu Haus,
die stille Zeit, die bleibt meistens aus,
und trotzdem, was bleibt von dem Rest,
ein gesegnetes Weihnachtsfest.

Silvester

Silvester, das Jahr geht zu End'
und jeder nochmals in den Laden rennt
noch schnell etwas für die Feier gekauft,
denn die Uhr, ja sie lauft und lauft …

Doch man hat Zeit, noch ein Stück,
und denkt an das letzte Jahr zurück,
wie es da doch noch war,
der Schnee, ja der war rar.

Man denkt, wie die Jahre vergeh'n,
spürt, man kann kein Land nicht seh'n,
man sieht die Jahre, sieht die Zeit,
zum Verweilen mal, nicht bereit.

Es geht immer nur grad schnell und hopp,
soll sein im Leben ja alles top,
sieht nicht die Jahreszeiten gar,
ja, so wie es halt einst früher war.

Alles schnell, man plant weit voraus,
bis dann das Jahr bald schon wieder aus,
so geht man auch gleich ins Neue rein,
voll muss der Kalender dann schon sein.

Doch, irgendwann, da hat man seine Ruh,
dann, wenn der Schreiner macht den Deckel zu,
und dieses allerletzte Hemd,
weder Zeit noch Geld und Reichtum kennt.

Bisher von Luis Walter erschienen:

Ich glaub an Engel
Wie Engel unser Leben beschützen
bei Books on Demand
ISBN 9783837096330

Anna –
oder der Glaube macht Wunder wahr
bei Books on Demand
ISBN 9783839120903

Gedichte die das Leben schreibt
beim Cuvillier – Verlag Göttingen
ISBN 3865375634

Loser und seine Freunde
bei Wagner – Verlag Gelnhausen
ISBN 9783866831131